English G 21

Grammar and Skills B3/4

Cornelsen

English G 21

Grammar and Skills 3/4
zu den Bänden 3 und 4
der Ausgabe B für Realschulen

Im Auftrag des Verlages herausgegeben von
Prof. Hellmut Schwarz, Mannheim

Erarbeitet von
Ursula Fleischhauer, Hannover,
Uwe Tröger, Hannover,
und
Dr. Philip Devlin, Berlin (Grammar),
Birgit Ohmsieder, Berlin (Skills),
Joachim Blombach, Herford (Skills),
Helmut Dengler, Limbach (Skills)

unter Mitarbeit von
Birgit Heinemann, Neu-Wulmstorf,
Joachim Sauer, Ostseebad Rerik,
Andreas Sedlatschek, Esslingen am Neckar
Herbert Willms, Herford
sowie
Jennifer Seidl, München

Illustration
Roland Beier, Berlin

Fotos
Marion Schönenberger, Berlin (S. 68)

Titelbild
www.fotolia.de (Wegweiser [M]: endrille)

Umschlaggestaltung
Klein & Halm Grafikdesign, Berlin

Layoutkonzept
Aksinia Raphael, Korinna Wilkes

Technische Umsetzung
Stephan Hilleckenbach, Berlin;
Ina Hillmann

www.cornelsen.de
www.EnglishG.de
Dieses Werk berücksichtigt die Regeln der reformierten Rechtschreibung und Zeichensetzung.

1. Auflage, 1. Druck 2009

Alle Drucke dieser Auflage sind inhaltlich unverändert und können im Unterricht nebeneinander verwendet werden.

Druck: CS-Druck CornelsenStürtz, Berlin

ISBN 978-3-06-031026-5

Inhalt gedruckt auf säurefreiem Papier
aus nachhaltiger Forstwirtschaft.

Was enthält dieses Heft?

Wie du schon am Titel sehen kannst, besteht dieses Heft aus zwei Teilen:

- einem **Grammar**-Teil (S. 6–64)
- einem **Skills**-Teil (S. 65–85).

Im **Grammar**-Teil wird der Grammatikstoff der Klassen 7 und 8 zusammengefasst und erklärt. Außerdem werden die wesentlichen grammatischen Themen der Klassen 5 und 6 wiederholt.

Im **Skills**-Teil werden wichtige Lern- und Arbeitstechniken vorgestellt und erläutert.

Lies bitte zuerst die Hinweise auf dieser Seite, damit du weißt, wie du am besten mit diesem Heft arbeitest.

Wie findest du, was du suchst?

1. Du kannst in den Inhaltsverzeichnissen nachschlagen:

- Auf den **Seiten 4–5** findest du das Inhaltsverzeichnis für den **Grammar**-Teil. Dort kannst du nachschlagen, wenn du ein bestimmtes grammatisches Kapitel suchst.
- Auf **Seite 65** findest du das Inhaltsverzeichnis für den **Skills**-Teil. Dort kannst du nachschlagen, wenn du Informationen zu einer bestimmten Lern- oder Arbeitstechnik suchst.

2. Du kannst im **Stichwortregister** auf den **Seiten 86–88** nachschlagen. Dort sind alle grammatischen Strukturen und auch einzelne wichtige englische und deutsche Wörter **alphabetisch** aufgelistet, und du siehst sofort, in welchen Abschnitten des Grammar-Teils du etwas zu deinem gesuchten Begriff findest.

Was bedeuten die Zeichen und Abkürzungen?

Die Ziffern bei den Abschnitts-Überschriften sagen dir, wo dieses Thema in den Bänden 3 und 4 des Lehrwerks *English G 21*, Ausgabe B, behandelt wird:

3:1 / 4:4 — bedeutet Band 3, Unit 1 und Band 4, Unit 4

▸ *The future: 18–20*
▸ *Taking notes (p. 72)* — Der Pfeil ▸ verweist auf andere Abschnitte, in denen du weitere Informationen zum gerade behandelten Thema findest.

Additional information

„Additional information"-Abschnitte enthalten Grammatik, die du nicht selbst anwenden können musst. Du solltest aber verstehen, was dort erläutert wird, damit du keine Schwierigkeiten mit Texten hast, in denen diese Grammatik vorkommt.

! Hier stehen Hinweise, die du besonders beachten solltest, um Fehler zu vermeiden.

K Das **K** steht für „Kontrast". Du findest es im Grammar-Teil immer dort, wo auf wichtige Unterschiede zwischen dem Englischen und dem Deutschen hingewiesen wird.

Am Ende der Abschnitte stehen oft kleine Aufgaben. Mit diesen Aufgaben kannst du überprüfen, ob du alles richtig verstanden hast.
Die Lösungen stehen auf den Seiten 63–64 (Grammar) und 83–85 (Skills).

Inhalt

Grammar

Word order (Wortstellung)

1 Positive statements (Bejahte Aussagesätze)

1	**Subject**	**Verb***		
	Asif	is working.		
2	**Subject**	**Verb**	**Adverbial**	
	Katrina	lives	in Scotland.	
3	**Subject**	**Verb**	**Complement****	
	Latisha	was	happy.	
4	**Subject**	**Verb**	**Object**	
	My sister	can play	the piano.	
5	**Subject**	**Verb**	**Object**	**Adverbial**
	The Clarks	have bought	a house	in Wales.

Ein Satz besteht aus mindestens zwei Satzgliedern: **Subjekt** und **Prädikat** – englisch: ***subject*** (S) und ***verb**** (V) (Satz 1).

Weitere Satzglieder können hinzutreten:
- eine **adverbiale Bestimmung** *(adverbial)* (Satz 2)
- eine **Ergänzung** *(complement**)* (Satz 3)
- ein **Objekt** (O) *(object)* (Satz 4).

! Die wichtigste Wortstellungsregel im Englischen ist S – V – O.

K

1 We're going to produce a music magazine.
Wir werden eine Musikzeitschrift produzieren.

2 Latisha often plays football at the weekends.
Latisha spielt am Wochenende oft Fußball.

3 After lunch they took the Tube to Green Park.
Nach dem Essen nahmen sie die U-Bahn nach Green Park.

4 When I got to the station, the train had already left.
Als ich am Bahnhof ankam, war der Zug schon abgefahren.

! Anders als im Deutschen
- werden die Teile des Prädikats nie durch das Objekt voneinander getrennt (Satz 1),
- werden Prädikat und Objekt (**V** und **O**) nicht durch Adverbien oder Zeitangaben voneinander getrennt (Satz 2),
- ist die Wortstellung immer **S – V – ...** (vergleiche die Sätze 3 und 4 mit ihren deutschen Übersetzungen).

Wortstellung:
S – V – O, wie in Straßen-Verkehrs-Ordnung!

2 Negative statements (Verneinte Aussagesätze)

Subject	**Verb**		**Object**
	Auxiliary + not	**Main verb**	
Katrina	doesn't	play	the piano.
Fiona	can't	speak	German.
I	haven't	done	my homework.

Auch in verneinten Aussagesätzen ist die Wortstellung **S – V – O**.

* *Das Wort **verb** bezeichnet im Englischen nicht nur die Wortart „Verb“, sondern auch das Satzglied „Prädikat“.*

** *Ein Adjektiv oder Nomen, das nach einer Form von* (to) be *steht, wird als **Ergänzung zum Subjekt*** (subject complement) *bezeichnet.*

3 Questions (Fragesätze)

3.1 Yes/No questions (Entscheidungsfragen)

Auxiliary	Subject	Main verb	Object / Adverbial	
Is	Asif	working?		
Can	you	speak	Spanish?	
Have	they	bought	a house	yet?
Does	Katrina	live	in Wales?	

Entscheidungsfragen beginnen <u>immer</u> mit einem **Hilfsverb** *(auxiliary)*. Die Wortstellung ist also:
Auxiliary – S – V – … .

3.2 Questions with question words (Fragen mit Fragewörtern)

Question word	Auxiliary	Subject	Main verb	Object / Adverbial
What	is	Asif	doing?	
Where	does	Katrina	live?	
Why	can't	I	have	a pet?
When	are	you	going to do	your homework?
Who	did	Robert	meet	in Birmingham?

Auch in Fragen, die mit einem Fragewort beginnen, steht ein **Hilfsverb** vor dem Subjekt. Die Wortstellung ist also:
Question word – auxiliary – S – V – … .

! Siehe aber unten Abschnitt **3.3**: **Fragen nach dem Subjekt**

K

What **are** you **waiting** for?	Worauf **wartest** du?
Who **did** you **talk** to?	Mit wem **hast** du **geredet**?
Where **do** you **come** from?	Woher **kommst** du?

! Eine Präposition *(for, to, from, …)* bleibt hinter dem Verb stehen (und ist meist das letzte Wort der Frage).

3.3 Subject questions (Fragen nach dem Subjekt)

!

Statement	Subject question	Object question
Jack loves Ella. Jack liebt Ella.	Who **loves** Ella? Wer liebt Ella?	Who does Jack **love**? Wen liebt Jack?
Hull beat Arsenal. Hull schlug Arsenal.	Which team **won**? Welches Team siegte? (Wer? – *Antwort:* Hull)	Which team did Hull **beat**? Welches Team schlug Hull? (Wen? – *Antwort:* Arsenal)

- Fragen nach dem **Subjekt** (**„Wer oder was?“**) bildet man <u>ohne</u> das Hilfsverb *do/does/did*.
- Fragen nach dem **Objekt** (**„Wen/Wem oder was?“**) werden <u>mit</u> Hilfsverb gebildet: im *simple present* mit *do/does*, im *simple past* mit *did*.

1 What **happened** when Luke opened the door?
Was geschah, als Luke die Tür öffnete?
2 What did Luke **see** when he opened the door?
Was sah Luke, als er die Tür öffnete?

1 Whose grandma **came** to England from Trinidad?
Wessen Oma („Wer?“) kam aus Trinidad nach England?
2 Whose parents did Asif **meet** in London?
Wessen Eltern („Wen?“) hat Asif in London getroffen?

(= subject –   = object)

Weitere Beispiele für *subject questions* (1) und *object questions* (2) stehen links.

Fragen nach dem Subjekt <u>ohne</u> *do/does/did*!

Bilde zwei Fragen zu jedem Satz.

1 Katrina met Latisha at the festival in Birmingham.	**A** (Wer traf Latisha ...?) **B** (Wen traf Katrina ...?)	Who ... at the festival? Who ... at the festival?
2 Robert wants to meet Asif in Hyde Park.	**A** (Wer möchte Asif treffen?) **B** (Wen möchte Robert treffen?)	Who ... in Hyde Park? Who ... in Hyde Park?
3 Every morning Mrs McFadden takes Katrina to the ferry.	**A** (Wer bringt Katrina ...?) **B** (Wen bringt Mrs McFadden ...?)	Who ... every morning? Who ... every morning?

4 Subordinate clauses (Nebensätze)

Hauptsatz	Nebensatz (Subordinate clause)	**S**ubject	**V**erb	**O**bject
Dad will help you	if	you	ask	him.
I like museums	because	I	like	paintings.
Latisha says	that	she	loves	football.
I don't know	where	I	put	my keys.

Anders als im Deutschen gilt die Wortstellungsregel **S – V – O** auch für Nebensätze.

Vergleiche: **S V O**

... *if you* ***ask him***.

... *wenn du* ***ihn fragst***.

5 Sentences with two objects (Sätze mit zwei Objekten)

	Indirect object	Direct object
Caitlin **showed**	Ryan	some New York sights.
I'll **send**	you	a postcard.
Mum **bought**	me	a souvenir.
Dad **told**	us	a great story.

Person vor Sache – wie im Alphabet: *p* vor *s*.

Wie im Deutschen gibt es im Englischen Verben, nach denen zwei Objekte stehen können:

- ein **indirektes Objekt** (meist eine **Person**, daher auch **Personenobjekt** genannt),
- ein **direktes Objekt** (meist eine **Sache**, daher auch **Sachobjekt** genannt).

Die normale Wortstellung ist **Person vor Sache**:
(to) give/show/tell ***somebody something***
jemandem etwas *geben/zeigen/erzählen*.

Here's a nice postcard. Let's **send** it to Mum and Dad.
Katrina bought some CDs and **showed** them to Latisha.
Let's **write** a postcard to our aunt and uncle in the USA.
I **bought** that poster for my sister (not for you).

In den Beispielen links steht **Sache vor Person**. Das Personenobjekt wird dann mit ***to*** angeschlossen (bei *buy, cook, get, make* mit ***for***).

Now **describe** the picture to your partner.
Jetzt beschreibe das Bild deinem Partner.
Please **explain** to us what happened.
Bitte erkläre uns, was geschehen ist.
Present your ideas to the class.
Stelle der Klasse deine Ideen vor.
I **didn't say** anything to the others.
Ich habe den anderen nichts gesagt.

! Bei einigen Verben muss das Personenobjekt immer mit ***to*** angehängt werden. Zu diesen Verben gehören *describe, explain, present, report, say*.

Bilde Sätze. Achte auf die richtige Stellung der Objekte. (Zweimal brauchst du to*, einmal brauchst du* for.*)*

1 Have you got my ruler? I ... (gave / it / you) yesterday.
2 Didn't Mum say she wanted to ... (make / me / a cake)? Where is it?
– No, no. Mum said she wanted ... (make / a cake / Dad), not for you!
3 Could you ... (explain / the problem / the team), please?

6 Adverbs and adverbial phrases (Adverbien und Adverbialbestimmungen)

front-position ↓		mid-position ↓		end-position ↓
adverb	**subject (+ auxiliary)**	adverb	**main verb (+ object)**	adverb

Adverbien und Adverbialbestimmungen können an verschiedenen Stellen im Satz stehen.

6.1 Front-position

Suddenly **the car** stopped and two men got out.
Plötzlich hielt das Auto an und zwei Männer stiegen aus.

Of course **you** can borrow my bike.
Natürlich kannst du mein Rad ausleihen.

Luckily **we** had our anoraks with us.
Zum Glück hatten wir unsere Anoraks dabei.

Vor dem Subjekt – also in *front-position* – stehen in der Regel Adverbien, die sich auf den ganzen Satz beziehen (sogenannte **Satzadverbien**).
Beispiele: *maybe, suddenly, luckily, then, of course, at first, ...*

6.2 Mid-position

My brother **is** always late.
It was only 11, but we **were** already hungry.

I often **make** breakfast on Sundays.
They didn't have a map and soon **got** lost.

Emma **doesn't** usually take the bus to school.
Your uncle **has** just phoned.
That story **will** never be forgotten.

Mid-position haben gewöhnlich **Adverbien** wie *already, always, ever, just, never, often, sometimes, soon, usually*.
Sie beschreiben eine **unbestimmte Zeit oder Häufigkeit**.

Have you been here before? (schon mal)
Have you cleaned the kitchen yet? (schon)
The play hasn't started yet. (noch nicht)

Sometimes we have a really big breakfast on Sundays.
Often we're so full that we don't eat lunch!

! **Beachte:**
- ***before*** und ***yet*** stehen **am Satzende**.
- ***sometimes*** und ***often*** können auch *front-position* haben.

K I always make the same mistakes.
Ich mache immer dieselben Fehler.

! Anders als im Deutschen dürfen Adverbien der unbestimmten Zeit oder Häufigkeit **nicht zwischen Prädikat und Objekt** stehen.

6.3 End-position

1 The woman **shouted** angrily.
My cousin speaks **Spanish** well.

2 Can we go and **play** outside.
I first met **my girlfriend** at a disco.

3 Sally sold **her motorbike** yesterday.
My grandmother **died** a year ago.

Nach dem Vollverb bzw. nach dem Objekt – also in *end-position* – stehen in der Regel

- **Adverbien der Art und Weise** *(angrily, well)* (1)
- **Ortsangaben** *(outside; at a disco)* (2)
- **Zeitangaben** *(yesterday; a year ago)* (3).

	Art u. Weise	Ort	Zeit
Alison is flying		to New York	tomorrow.
Philip sang	well	at the party	last night.

Wenn verschiedene Adverbien bzw. Orts- und Zeitangaben am Satzende zusammenkommen, dann gilt gewöhnlich die Reihenfolge **Art und Weise – Ort – Zeit** (wie im Alphabet: ***a*** vor ***o*** vor ***z***).

K Every Saturday morning my father does the shopping.
Jeden Samstagmorgen erledigt mein Vater die Einkäufe.

! Zeitangaben können auch *front-position* haben. Anders als im Deutschen bleibt die Wortstellung dann trotzdem **S – V – O**.

K He closed the door quietly.
Er schloss leise die Tür.

We're going to buy a new car next month.
Wir kaufen nächsten Monat ein neues Auto.

Adverbien und Orts- und Zeitangaben nie zwischen Prädikat und Objekt!

6.4 Adverbs of degree (Gradadverbien)

Your new camera looks very **expensive**.
My parents are quite **strict** / too **strict**.
Do you really **believe** you'll be a rock star one day?

Die Adverbien *very, quite, too* (= „zu"), *really* stehen direkt vor dem Wort, auf das sie sich beziehen.

Setze die Adverbien und Orts- und Zeitangaben an die richtigen Stellen und bilde sinnvolle Sätze.

1 They found out where Jack had gone. (soon)
2 'Perhaps we can see the village from this tree,' he said and climbed it. (carefully)
3 I'm nervous before a test. (often) But I usually do well in the end. (quite)
4 I've wanted to have a picnic in Central Park. (always – on a warm summer evening)

The verb (Das Verb)

7 Types of verbs (Verbarten)

Englische Verben lassen sich in drei Gruppen einteilen:

- (to) **ask**, (to) **give**, (to) **go**, (to) **love**, (to) **swim**, (to) **try**, …
  - **Vollverben** (*full verbs*) ▸ 7.1 / Zeitformen: 8
- **be**, **do**, **have**
  - die drei Verben ***be, do, have***, die als **Voll-** oder **Hilfsverb** verwendet werden ▸ 7.2
- **can**, **could**, **may**, **might**, **must**, **mustn't**, **needn't**, **shall**, **should**, **will**, **would**
  - **modale Hilfsverben** (*modals*). ▸ 21 / will-future: 19

7.1 Full verbs (Vollverben)

I love New York.
Ryan went to New York and visited his cousin.

Vollverben können **allein** – d.h. ohne ein Hilfsverb – im Satz auftreten.

Von jedem englischen Vollverb gibt es **fünf Formen**.

Infinitiv (*infinitive*)	(to) **ask**, (to) **give**, (to) **swim**, (to) **try**
-*s*-Form für die 3. Person Singular des *simple present*	(he/she/it) **ask**s, **give**s, **swim**s, **trie**s
-*ing*-Form	**ask**ing, **giv**ing, **swimm**ing, **try**ing
***Simple past*-Form**	**ask**ed, gave, swam, **tri**ed
Partizip Perfekt (*past participle*)	**ask**ed, given, swum, **tri**ed

! **Unregelmäßige Verben** wie *give* und *swim* haben eigene *simple past*- und *past participle*-Formen.
▸ Unregelmäßige Verben: 54

7.2 *be, do, have*

Die Verben ***be***, ***do*** und ***have*** können **Voll- oder Hilfsverb** sein.

! ***be*** wird in Fragen und Verneinungen **nicht** mit dem Hilfsverb *do* umschrieben.

Vollverb (Full verb)

Vollverb (Full verb)	be	I'm Lily. I'm in Mr Parker's class. I wasn't in his class last year. Were you in his class?
	do	My brother and I do a lot of sport. Do you do a lot of sport? Have you done your homework?
	have	We usually have dinner at seven o'clock. Our neighbours don't have any pets. Did you have a good time in Spain?
Hilfsverb (Auxiliary verb)	be	Jonathan is **repairing** his bike. My skates were **made** in the USA.
	do	Does she **live** here? – I don't **know**. Don't **worry**, I didn't **forget** your birthday.
	have	Pamela has just **phoned**. It was too late. The last bus had **left**.

Als **Hilfsverben** stehen ***be***, ***do*** und ***have*** zusammen mit Vollverben (z.B. zur Bildung bestimmter Zeitformen, zur Verneinung, zur Fragebildung).

▸ Kurzformen: 53

8 The tenses of the full verbs (Die Zeitformen der Vollverben)

8.1 Tense and time (Grammatische Zeit und wirkliche Zeit)

Tense (Zeitform)	**Time** (wirkliche Zeit)
present present perfect past past perfect future future perfect	the past — the present — the future

Wenn man von **„Zeit“** spricht, muss man zwischen der **grammatischen Zeit(form)** und der **wirklichen Zeit** unterscheiden.

1 I met Jill **yesterday**.
Gestern traf ich Jill.
Simple past mit Bezug auf die **Vergangenheit**

2 If I met Jill **tomorrow**, ...
Wenn ich Jill morgen träfe/treffen würde, ...
Simple past mit Bezug auf die **Zukunft**

Grammatische Zeitformen können sich auf verschiedene Zeiten in der Wirklichkeit beziehen:
In Satz 2 bezieht sich das *simple past* nicht auf die Vergangenheit, sondern auf die Zukunft.

K

I've known Jill for 8 years. — Present perfect
Ich kenne Jill seit 8 Jahren. — Präsens

Wait. I'll help you. — *will*-future
Warte. Ich helfe dir. — Präsens

! Die Zeitformen werden im Englischen und im Deutschen oft unterschiedlich verwendet.

8.2 Simple form and progressive form (Einfache Form und Verlaufsform)

Tense	Simple form	Progressive form
present	sing(s)	am/are/is singing
past	sang	was/were singing
will-future	will sing	will be singing

► *Übersicht über die Zeitformen: 8.3*

Im Englischen gibt es neben der **einfachen Form** des Verbs auch noch eine sogenannte **Verlaufsform** *(progressive form)*.

Die **Verlaufsform** drückt aus, dass eine Handlung **im Verlauf**, also **noch nicht abgeschlossen** ist (bzw. war).

Daniel is writing an essay.
Daniel schreibt (gerade) einen Aufsatz.

Daniel has been doing his homework all afternoon.
Daniel ist schon den ganzen Nachmittag dabei, seine Hausaufgaben zu machen. *(Er ist noch nicht fertig.)*

Daniel was doing his homework when suddenly his computer crashed.
Daniel machte (gerade) seine Hausaufgaben, ...

! Im Deutschen gibt es keine Verlaufsform. Aber manchmal sagt man „Ich **bin gerade dabei**, meine Hausaufgaben zu machen“, um zum Ausdruck zu bringen, dass etwas noch im Gange und noch nicht abgeschlossen ist.
Vergleiche die Beispiele links mit ihren deutschen Übersetzungen.

8.3 The tenses – overview (Die Zeitformen – Übersicht)

Diese Übersicht enthält Langformen:
I do not play usw.
Beim Sprechen und in persönlichen Briefen werden meist Kurzformen verwendet:
I don't play usw.

► *Kurzformen: 53*
► *Zeitformen im Passiv: 22.2*

Present	Simple present ► *10*	**I play tennis.** I do not play Do I play?
	Present progressive ► *11*	**I am playing tennis.** I am not playing Am I playing?
Past	Simple past ► *13*	**I played tennis.** I did not play Did I play?
	Past progressive ► *14*	**I was playing tennis.** I was not playing Was I playing?
Present perfect	Present perfect (simple) ► *15*	**I have played tennis.** I have not played Have I played?
	Present perfect progressive ► *16*	**I have been playing tennis.** I have not been playing Have I been playing?
Past perfect	Past perfect (simple) ► *17*	**I had played tennis.** I had not played Had I played?
	Past perfect progressive	**I had been playing tennis.** I had not been playing Had I been playing?
Future	*will*-future ► *19*	**I will play tennis.** I will not play Will I play?
	going to-future ► *20*	**I am going to play tennis.** I am not going to play Am I going to play?

9 The present – overview (Die Gegenwart – Übersicht)

Simple present

Ella goes to school by bike. Her brother usually takes the bus. They never walk, but their parents sometimes take them by car.

The Blakes live in Chester. Mrs Blake works for a computer company. Mr Blake looks after their children. At the weekends Mrs Blake plays the piano and writes short stories.

► *Simple present: 10*

- Mit dem ***simple present*** drückt man aus, dass etwas **wiederholt, regelmäßig, immer** oder **nie** geschieht.

Das *simple present* wird daher z.B. verwendet, um über **Hobbys, Berufe** und **Dauerzustände** zu sprechen.

Present progressive

We can't come to the beach with you. I'm still working on my essay for tomorrow, Owen is trying to repair his bike, and Mum is practising the piano.

Olivia has got a holiday job: she's working as a waitress in a small café in Bristol. She's sharing a room with another waitress while she's there.

► *Present progressive: 11*

- Mit dem ***present progressive*** drückt man aus, dass **jemand gerade dabei** ist, etwas zu tun, oder dass etwas **gerade im Gange** und **noch nicht abgeschlossen** ist.

Das *present progressive* wird daher auch für **vorübergehende Zustände** verwendet.

Simple present

Jack Whitlam works as an architect.

Present progressive

He's working at his desk at the moment.

Can you...?

Simple present *oder* **present progressive**?

1 My sister usually (**has / is having**) milk for breakfast, but this morning she (**drinks / is drinking**) tea.
2 At the weekend we often (**go / are going**) to Camden Lock Market with our friends.
3 Normally I (**get up / am getting up**) at seven o'clock, but this week I (**get up / am getting up**) later because there's no school.
4 We usually (**play / are playing**) tennis at weekends, but this weekend we (**visit / are visiting**) friends in Bath.
5 *(On the phone)* 'I'm sorry, I can't talk to you right now. I (**wait / am waiting**) for an important phone call.'

10 The simple present (Die einfache Form der Gegenwart)

10.1 Form (Form)

I/You	**play**	I/You	**don't**	**play**	**Do**	I/you	**play?**
He/She/It	**plays**	He/She/It	**doesn't**	**play**	**Does**	he/she/it	**play?**
We/You/They	**play**	We/You/They	**don't**	**play**	**Do**	we/you/they	**play?**

► *Kurzformen: 53*

! (to) run – **he/she/it** runs (to) mix – **he/she/it** mixes
(to) try – **he/she/it** tries (to) copy – **he/she/it** copies

He, she, it –
das „s" muss mit.

- Das *simple present* hat die Form des Infinitivs. Nur bei der 3. Person Singular *(he/she/it)* wird **-(e)s** angehängt.
- **Verneinte Sätze** bildet man mit ***don't*** bzw. ***doesn't***.
- **Fragen** bildet man mit ***do*** bzw. ***does***.

10.2 Use (Gebrauch)

Das ***simple present*** wird verwendet,

I **often** ride my bike to school.
We go camping **every summer**.

- um auszudrücken, dass etwas **wiederholt** (regelmäßig, immer, jeden Tag, oft, ...) oder **nie** geschieht. In *simple present*-Sätzen stehen oft die Signalwörter *always, often, sometimes, usually, never* oder Zeitangaben wie *every summer, on Fridays, at weekends, ...*

Katrina plays the fiddle.
Mrs Kent works in an office. She speaks four languages.

- wenn man über Hobbys, Berufe und Fähigkeiten spricht.

She goes into the room, pulls open the curtains and looks out of the window.
First you go along Elm Street, then you turn left and cross the bridge. After the bridge you turn right. ...

- um mehrere **aufeinanderfolgende Handlungen** zu beschreiben (oft in Erzählungen und in Gebrauchsanweisungen oder Auskünften).

The author describes a journey to Wales that goes terribly wrong.
What does the text say about his parents?

- wenn man über einen Text, einen Film, ein Theaterstück spricht.

Additional information

The film **starts** at 8 o'clock.
When **does** the next train to Liverpool **leave**?
The club **meets** in an hour. We'll have to hurry.

► *The future: 18–20*

Das ***simple present*** wird auch benutzt um auszudrücken, dass etwas **Zukünftiges** durch einen **Fahrplan**, ein **Programm**, einen **Kalender** oder Ähnliches festgelegt ist.
(Diese Verwendung des *simple present* wird manchmal *timetable future* genannt.)

11 The present progressive (Die Verlaufsform der Gegenwart) 4: 3

11.1 Form (Form)

I'm **playing**	I'm **not playing**	**Am** I **playing?**
You**'re playing**	You **aren't playing**	**Are** you **playing?**
He's/She's/It's **playing**	He/She/It **isn't playing**	**Is** he/she/it **playing?**
We**'re playing**	We **aren't playing**	**Are** we **playing?**
You**'re playing**	You **aren't playing**	**Are** you **playing?**
They**'re playing**	They **aren't playing**	**Are** they **playing?**

▸ *Kurzformen: 53*

! (to) make, (to) give, ... + **-ing** → making, giving, ...
(to) run, (to) drop, ... + **-ing** → running, dropping, ...

Das *present progressive* wird mit ***am/are/is*** + ***-ing form*** gebildet.

11.2 Use (Gebrauch)

Das ***present progressive*** wird verwendet,

Jaden is in the park with Cole. They're playing football.
What are you doing? – I'm watching a video.

- um auszudrücken, dass **jemand gerade etwas tut** oder dass **etwas noch im Gange** und **noch nicht abgeschlossen** ist. **Signalwörter:** *now, at the moment, just* („gerade"), *still* („noch").

! Die Handlung, um die es geht, kann für einen Augenblick unterbrochen sein, z.B. durch ein Telefonat. Wichtig ist, dass sie noch nicht abgeschlossen ist.

My sister usually looks after our dog. But she's ill, so I'm feeding Fluffy this week.

- wenn man sagen will, dass etwas **nur vorübergehend der Fall** ist.

Mum I'm meeting some friends in town **next Friday**, so Dad is picking you up from school.

▸ *The future: 18–20*

Das ***present progressive*** wird auch benutzt, wenn etwas **für die Zukunft fest geplant** oder **fest verabredet** ist.

agree	übereinstimmen	**love**	lieben
believe	glauben	**mean**	bedeuten
belong	gehören	**need**	brauchen
cost	kosten	**notice**	bemerken
hate	hassen	**seem**	*(zu sein/zu tun)* scheinen
hear	hören	**smell**	riechen, stinken
like	mögen	**sound**	klingen

! Verben, die keine Tätigkeiten beschreiben *(know, want, ...)* werden normalerweise nicht in der *progressive form* verwendet. Weitere Beispiele für solche Verben stehen links.

12 The past – overview (Die Vergangenheit – Übersicht)

3:1 / 3:5 / 4:4

12.1 Simple past, past progressive

Simple past

Robert went to Ashley's party last Friday.
Sam was invited too, but he wasn't allowed to go.
He had to stay at home.

Robert gave Ashley a DVD.
Robert hat Ashley eine DVD geschenkt.

► *Simple past: 13*

- Mit dem ***simple past*** beschreibt man, was **zu einer bestimmten Zeit in der Vergangenheit** geschah.

  ! Im Deutschen steht oft das Perfekt, wo im Englischen das *simple past* stehen muss.

Past progressive

The other guests were laughing and talking when Robert arrived. Robert put on some music, and soon everybody was dancing.

► *Past progressive: 14*

- Mit dem ***past progressive*** sagt man, dass etwas zu einer bestimmten Zeit in der Vergangenheit **im Gange** und **noch nicht abgeschlossen** war.

12.2 Present perfect, present perfect progressive

Present perfect

The DJ has set up his equipment. The dancing can begin.

I've been a *Coldplay* fan since the band's first hit.
Ich bin *Coldplay*-Fan seit dem ersten Hit der Band.

► *Present perfect: 15*

Das ***present perfect*** hat mit Vergangenheit und Gegenwart zu tun:

- Mit dem ***present perfect*** sagt man,
  - dass **etwas geschehen** ist. Wann das war, interessiert nicht, aber oft hat das Geschehen Auswirkungen auf die Gegenwart oder Zukunft.
  - dass ein **Zustand in der Vergangenheit begonnen** hat und **jetzt noch andauert** (oft mit *since* oder *for*).

! Im Deutschen steht oft das Präsens, wo im Englischen *present perfect* stehen muss.

Additional information

Present perfect progressive

Robert **has been DJing** at Ashley's party for over three hours now.
Robert legt seit über drei Stunden auf Ashleys Party auf.

► *Present perfect progressive: 16*

- Mit dem ***present perfect progressive*** drückt man aus, dass ein **Vorgang** oder eine **Handlung in der Vergangenheit begonnen** hat und **jetzt noch andauert**.

12.3 Past perfect

Past perfect

When Robert got to the party, all the other guests had already arrived.
Als Robert auf der Party eintraf, waren alle anderen Gäste schon angekommen.

► *Past perfect: 17*

- Mit dem ***past perfect*** drückt man aus, dass etwas **noch vor etwas anderem** in der Vergangenheit stattgefunden hatte.

Sieh dir die Bilder gut an und vervollständige die Sätze.

a) **Simple past** *oder* **past progressive***?*

When the earthquake started, ...

1 ... Fay (**made / was making**) tea.

2 ... Fay (**ran / was running**) out of the house.

When the lion escaped, ...

3 ... John (**had / was having**) a sandwich.

4 ... John (**had / was having**) a heart attack.

b) **Simple past** *oder* **past perfect***?*

Helen didn't go to the cinema because ...

1 ... she (**left / had left**) her purse at home.

2 ... the queue (**was / had been**) too long.

Jacob bought lots of apples because ...

3 ... they (**were / had been**) very cheap.

4 ... his mum (**asked / had asked**) him to.

c) **Simple past** *oder* **present perfect***?*

1 *Noah:* Another hour, then we'll take a break.
Luke: But we (**already – cycle**) 20 km!
Noah: Come on. **Yesterday** we (**cycle**) 50 km without stopping.

2 *Grace:* What about 'Island Dreams'?
Kylie: But we (**see**) it! We (**go**) to see it **last Friday**. At the Odeon, remember?

13 The simple past (Die einfache Form der Vergangenheit) 3:1

13.1 Form (Form)

I/You **played**	I/You **didn't play**	**Did** I/you **play?**
He/She/It **played**	He/She/It **didn't play**	**Did** he/she/it **play?**
We/You/They **played**	We/You/They **didn't play**	**Did** we/you/they **play?**

▸ *Kurzformen: 53*

! (to) phone, (to) dance, … + **-ed** → phoned, danced, …
(to) plan, (to) stop, … + **-ed** → planned, stopped, …
(to) try, (to) copy, … + **-ed** → tried, copied, …

▸ *Unregelmäßige Verben: 54*

- Bei **regelmäßigen Verben** bildet man das *simple past* durch Anhängen von ***-ed*** an den Infinitiv.
- **Unregelmäßige Verben** haben eigene *simple past*-Formen, z. B. *(to) go* – ***went***, *(to) say* – ***said***, *(to) write* – ***wrote***.

I didn't **see** the film last night.
Did you **see** the film last night?

- **Verneinte Sätze** bildet man mit ***didn't***, **Fragen** mit ***did***. (Das Vollverb steht im Infinitiv.)

13.2 Use (Gebrauch)

When did you move to Freiburg?
– Well, we left Kiel **in 2002** and moved to Potsdam first, and **in 2003** I got a job in Freiburg.

Das ***simple past*** wird verwendet,

- um auszudrücken, dass etwas **zu einer bestimmten Zeit** in der **Vergangenheit** geschah.
  Oft stehen Zeitangaben wie *yesterday, three weeks ago, last year, in 2002, on April 4th, …* in *simple past*-Sätzen.

Woman hurt in traffic accident

A woman was hurt in a traffic accident at the corner of Elm Street and Park Road yesterday morning. A young man on a bike ran into her so that she fell and broke her leg. The man did not stop to help, he just cycled on. Two schoolchildren called an ambulance, and the woman was taken to hospital.

- wenn man über **vergangene Ereignisse** berichtet oder **eine Geschichte erzählt**.

K Last week I lost my watch,
and yesterday someone stole my mobile.
(*not:* Last week I ~~have lost~~ …,
and yesterday someone ~~has stolen~~ …)
Letzte Woche habe ich meine Uhr verloren,
und gestern hat mir jemand das Handy gestohlen.

! Im Deutschen benutzen wir oft das Perfekt, um zu sagen oder zu fragen, **wann** etwas geschah.
Im Englischen muss das *simple past* stehen!

When did you phone? (*not:* When ~~have you phoned~~?)
Wann hast du angerufen?

! Mit ***When …?*** fragt man nach einem **bestimmten Zeitpunkt**. Daher steht in ***When …?***-Fragen das *simple past* (nicht das ~~*present perfect*~~).

▸ *Present perfect oder simple past?: 15.3*

14 The past progressive (Die Verlaufsform der Vergangenheit)

14.1 Form (Form)

I	**was**	**playing**	I	**wasn't**	**playing**	**Was**	I	**playing?**
You	**were**	**playing**	You	**weren't**	**playing**	**Were**	you	**playing?**
He/She/It	**was**	**playing**	He/She/It	**wasn't**	**playing**	**Was**	he/she/it	**playing?**
We	**were**	**playing**	We	**weren't**	**playing**	**Were**	we	**playing?**
You	**were**	**playing**	You	**weren't**	**playing**	**Were**	you	**playing?**
They	**were**	**playing**	They	**weren't**	**playing**	**Were**	they	**playing?**

► *Kurzformen: 53*

Das *past progressive* wird mit ***was/were*** + ***-ing form*** gebildet.

14.2 Use (Gebrauch)

Police officer Mr Clarke, what were you doing between 8 and 10 o'clock yesterday morning?

Mr Clarke I was working in the garden.

Das ***past progressive*** wird verwendet,

- um auszudrücken, dass zu einer **bestimmten Zeit in der Vergangenheit** eine Handlung oder ein Vorgang gerade **im Gange** und **noch nicht abgeschlossen** war.

The kids in room 10 were having a good time when suddenly Mrs Walter **came** in.

past progressive — **simple past**

- um zu sagen, was **gerade vor sich ging**, als etwas anderes passierte.

! Beachte die Bedeutungsunterschiede:

1 Jason was laying the table when Emma came home.
Jason war dabei, den Tisch zu decken, als Emma heimkam.

2 Jason laid the table when Emma came home.
Jason deckte den Tisch, als Emma heimkam.

– In **Satz 1** *(past progressive)* war Jason bereits dabei, den Tisch zu decken, als Emma heimkam.

– In **Satz 2** *(simple past)* begann Jason erst mit dem Tischdecken, als sie heimkam.

► *Verben, die nicht in der progressive form verwendet werden: 11.2*

15 The present perfect

3:1 / 4:4

15.1 Form (Form)

I've/You've	**played**	I/You	**haven't played**		**Have**	I, you	**played?**
He's/She's/It's	**played**	He/She/It	hasn't	**played**	Has	he/she/it	**played?**
We've/You've/They've	**played**	We/You/They	**haven't played**		**Have**	we/you/they	**played?**

▸ *Kurzformen: 53*

Das *present perfect* wird mit ***have/has* und der 3. Form des Verbs** gebildet.
Die 3. Form des Verbs nennt man **Partizip Perfekt** (Englisch: *past participle*).

!
(to) phone, (to) dance, ... + **-ed** → phoned, danced, ...
(to) plan, (to) stop, ... + **-ed** → planned, stopped, ...
(to) try, (to) copy, ... + **-ed** → tried, copied, ...

▸ *Unregelmäßige Verben: 54*

- Bei **regelmäßigen Verben** bildet man die 3. Form mit ***-ed***.
- **Unregelmäßige Verben** haben eigene 3. Formen, z.B. *(to) be* – ***been***, *(to) say* – ***said***, *(to) write* – ***written***.

15.2 Use (Gebrauch)

Das ***present perfect*** wird verwendet,

Connor has phoned. He's had an accident.
Where's Olivia? – She hasn't arrived **yet**.
Have you **ever** tried Greek food? – Yes, I have.

- um zu sagen, **dass jemand etwas getan hat** oder **dass etwas geschehen ist**. Der Zeitpunkt ist unwichtig oder unbekannt. Oft hat die Handlung **Auswirkungen** auf die Gegenwart oder Zukunft.

  In *present perfect*-Sätzen stehen häufig unbestimmte Zeitangaben wie *already, always, before, ever, just, never, often, yet*.

How long have you been a member of the tennis club?
– Since March. / For eight months.
Wie lange bist du (schon) Mitglied des Tennisklubs?
– Seit März. / Seit acht Monaten.

▸ *since und for: 15.4 / Present perfect oder present perfect progressive?: 16.3*

- um auszudrücken, dass **ein Zustand in der Vergangenheit begonnen hat** und jetzt noch **andauert**.
  Im Deutschen benutzt man dafür meist das Präsens.

15.3 Present perfect or simple past?

Present perfect	Simple past
1 **(A)** Where's Julie? Has she moved?	
2 **(B)** Yes, she has.	3 **(B)** She moved to New York **in the summer**.

(1) Sprecher **A** fragt, **ob** (nicht: wann) Julie fortgezogen ist → ***present perfect***.
(2) Sprecher **B** bestätigt, **dass** sie fortgezogen ist → ***present perfect***.
(3) Dann fügt Sprecher **B** hinzu, **wann** der Umzug erfolgte → ***simple past***.

Present perfect	Simple past
4 **How long** have you been married to Alex? – **Since** 1997.	5 **When** did you marry Alex? – **In** 1997.

(4) **How long?** („Seit wann?"/„Wie lange?") → ***present perfect***.
(5) **When?** („Wann?") → ***simple past***.

15.4 *since* and *for* („seit“)

It's **five o'clock**. The children are playing football.

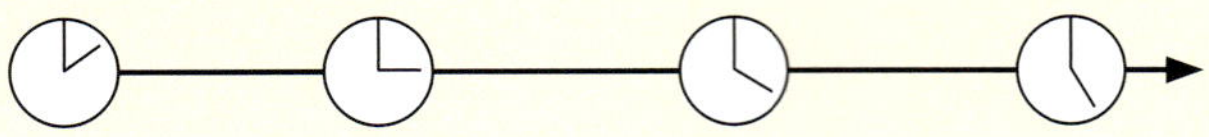

They'**ve been** in the park since two o'clock.
... seit zwei Uhr

They'**ve been** in the park for three hours.
... seit drei Stunden

Deutsch „seit“ – Englisch *since* (Zeitpunkt) / *for* (Zeitraum)

Wenn man sagen will, **seit wann** oder **wie lange** ein Zustand bereits andauert, verwendet man das *present perfect* mit ***since*** bzw. ***for***:

- Mit ***since*** gibt man einen **Zeit**punkt an *(since 2 o'clock; since 2004; since May).*

since+Zeitpunkt

- Mit ***for*** gibt man einen **Zeit**raum an *(for three hours; for years; for a long time).*

for+Zeitraum

K

We've lived in this flat for 14 years.
Wir wohnen seit 14 Jahren in dieser Wohnung.
(*not:* We ~~live~~ in this flat for 14 years.)

I've had a dog since 2006.
Ich habe einen Hund seit 2006.
(*not:* I ~~have~~ a dog since 2006.)

! Im Deutschen benutzen wir meist das **Präsens**: *Wir **wohnen** ... seit ...*
*I **habe** ... seit ...*

Im Englischen muss das ***present perfect*** stehen: *We'**ve lived** ... for ...*
*I'**ve had** ... since ...*

► *Present perfect oder present perfect progressive?: 16.3*

Additional information

16 The present perfect progressive (Die Verlaufsform des *present perfect*)

4: 4

16.1 Form (Form)

I've	been	playing	I	haven't	been playing	Have	I	been playing?
You've	been	playing	You	haven't	been playing	Have	you	been playing?
He's/She's/It's	been	playing	He/She/It	hasn't	been playing	Has	he/she/it	been playing?
We've	been	playing	We	haven't	been playing	Have	we	been playing?
You've	been	playing	You	haven't	been playing	Have	you	been playing?
They've	been	playing	They	haven't	been playing	Have	they	been playing?

▸ *Kurzformen: 53*

Das *present perfect progressive* wird mit ***have/has been*** + ***-ing form*** gebildet.

16.2 Use (Gebrauch)

Little Stevie is in the park, too.

He's been watching them since two o'clock. / for three hours.

Er sieht ihnen (schon) seit zwei Uhr/seit drei Stunden zu.

▸ *since und for: 15.4*

Mit dem ***present perfect progressive*** drückt man aus, dass eine **Handlung** oder ein **Vorgang** in der Vergangenheit begonnen hat und bis jetzt **andauert**.

K I've been trying to reach her for hours.
Ich versuche seit Stunden, sie zu erreichen.
(*not:* I'~~m trying~~ to reach her for hours.)

! Im Deutschen meist **Präsens**:
*Ich **versuche** seit Stunden ...*
Im Englischen ***present perfect progressive***:
I've been trying *... for hours.*

16.3 Present perfect or present perfect progressive?

Present perfect progressive

Ella has been writing letters all morning.
Ella schreibt schon den ganzen Morgen Briefe.

Present perfect

Ella has written three letters since breakfast.
Ella hat seit dem Frühstück drei Briefe geschrieben.

▸ *Verben, die nicht in der progressive form verwendet werden: 11.2*

- Wenn es darum geht, dass eine Tätigkeit **noch andauert**:
  → ***present perfect progressive***
- Wenn es darum geht, dass etwas **geschehen ist** (es liegt ein **Ergebnis** vor; es gibt **Auswirkungen**):
  → ***present perfect***

The past perfect (Das Plusquamperfekt) 3:5

17.1 Form (Form)

I/You	**had played**	I/You	**hadn't played**	**Had** I/you	**played?**
He/She/It	**had played**	He/She/It	**hadn't played**	**Had** he/she/it	**played?**
We/You/They	**had played**	We/You/They	**hadn't played**	**Had** we/you/they	**played?**

► *Kurzformen: 53*

Das *past perfect* wird mit ***had*** **und der 3. Form des Verbs** (Partizip Perfekt, *past participle*) gebildet.

► *Bildung des Partizip Perfekt: 15.1*

K I had never **tried** Indian food before. It tasted great!
Ich hatte noch nie indisches Essen **probiert**. …

Kate's train had already **left** when she got to the station.
Kates Zug war schon **abgefahren**, als sie am Bahnhof ankam.

! Das deutsche Plusquamperfekt wird – je nach Verb – mit „hatte" oder mit „war" gebildet, das *past perfect* immer mit *had*.

Deutsch „hatte" oder „war" – Englisch *had*

17.2 Use (Gebrauch)

Grace had already left the restaurant when I arrived.
Grace hatte das Restaurant schon verlassen, als ich eintraf.

I couldn't open the door. I had forgotten the keys.
Ich konnte die Tür nicht öffnen. Ich hatte die Schlüssel vergessen.

Grandpa had already been in hospital for a week when we returned from Spain.
Opa lag schon eine Woche im Krankenhaus, als wir aus Spanien zurückkehrten.

Mit dem ***past perfect*** (Plusquamperfekt oder Vorvergangenheit) drückt man aus, dass etwas noch **vor** etwas anderem in der Vergangenheit stattgefunden hatte.

! 1 Jason had laid the table when Emma came home.
Jason hatte den Tisch (bereits) gedeckt, als Emma heimkam.

2 Jason laid the table when Emma came home.
Jason deckte den Tisch, als Emma heimkam.

! Beachte die Bedeutungsunterschiede:

- In **Satz 1** *(past perfect)* war Jason mit dem Tischdecken fertig, als Emma heimkam.
- In **Satz 2** *(simple past)* begann Jason erst mit dem Tischdecken, als sie heimkam.

After she had left school she went to university.
oder After she left school she went to university.

Nach *after* („nachdem") steht oft *simple past* statt *past perfect*, weil die Reihenfolge der Ereignisse klar ist.

18 The future – overview (Die Zukunft – Übersicht)

3: 2 / 4: 3

***will*-future**

Jo will be back at six. Can you phone again then?
My mother will be 40 next year.
I expect it will be very hot in Portugal, but I'm sure you'll like it.

▸ *will-future: 19*

- Mit dem ***will-future*** äußert man **Vorhersagen** über die Zukunft und **Vermutungen**. Oft geht es dabei um Dinge, die man nicht beeinflussen kann (z.B. das Alter, das Wetter).

***going to*-future**

I'm going to study history at university.

Look at those clouds. It's going to rain.

▸ *going to-future: 20*

- Das ***going to-future*** verwendet man,
  - um über **Absichten, Vorhaben, Pläne** für die Zukunft zu sprechen.
  - um auszudrücken, dass etwas **wahrscheinlich gleich passieren** wird (es gibt schon deutliche Anzeichen).

Present progressive

We're having a party on Friday. Even our friends from Glasgow are coming.

▸ *Present progressive: 11*

- Auch das ***present progressive*** kann sich auf die Zukunft beziehen. Es wird verwendet, wenn etwas **für die Zukunft fest verabredet** ist.

Additional information

Simple present

The next train to London leaves at 8.45.
The meeting starts in 20 minutes.

▸ *Simple present: 10*

- Auch das ***simple present*** kann sich auf die Zukunft beziehen. Es wird verwendet, wenn etwas durch **Fahrpläne**, **Programme** oder **Kalender** festgelegt ist.

Vervollständige die Sätze mit der passenden Futurform.

1 Don't forget to take some warm clothes.
It ... cold in Canada at this time of the year. ('ll be / 's going to be)

2 Have you got any plans for this summer?
– Yes, we ... to California. ('ll fly / 're going to fly)

3 Grandma ... 80 next week. (will be / is going to be)
We ... a big party for her. ('ll have / 're going to have)

4 Our flat is too small. We ... out. We've already started looking for a new flat. ('ll move / 're going to move)

19 The *will*-future (Das Futur mit *will*)

3: 2 / 4: 3

19.1 Form (Form)

I/You	**will play**	I/You	**won't play**	**Will**	I/you	**play?**
He/She/It	**will play**	He/She/It	**won't play**	**Will**	he/she/it	**play?**
We/You/They	**will play**	We/You/They	**won't play**	**Will**	we/you/they	**play?**

▸ *Kurzformen: 53*

Das *will-future* wird mit ***will*** + **Infinitiv** gebildet.
Die verneinte Form heißt ***won't*** (= ***will not***).

19.2 Use (Gebrauch)

I suppose it will be quite hot in Florida in March.

It's possible you'll find her a bit rude at first,
but I think you'll like her.

There will be strong winds tomorrow morning, and we will have some rain in the early afternoon. Temperatures will reach 22 degrees Celsius.

Das ***will-future*** wird verwendet,

- um **Vermutungen** und **Vorhersagen** über die Zukunft zu äußern.
  In **Vermutungen** stehen oft Ausdrücke wie *I think, I'm sure, I suppose, maybe, probably*.
  Bei **Vorhersagen** geht es oft um Dinge, die man nicht beeinflussen kann, z.B. das Wetter.

This exercise is too difficult for me.
– Oh come on, you can do it. I'll help you.

OK, I promise I'll be back by 10.

Tea or coffee? – I think I'll have tea, please.

- wenn man sich **spontan** – also ohne es im Voraus geplant zu haben – **zu etwas entschließt**. Oft geht es dabei um **Hilfsangebote** oder **Versprechen**.
  (Im Deutschen steht in diesen Fällen meist das Präsens.)

20 The *going to*-future (Das Futur mit *going to*)

20.1 Form (Form)

I'm	**going to play**	I'm **not**	**going to play**	**Am**	I	**going to play?**
You're	**going to play**	You **aren't**	**going to play**	**Are**	you	**going to play?**
He's/She's/It's	**going to play**	He/She/It **isn't**	**going to play**	**Is**	he/she/it	**going to play?**
We're	**going to play**	We **aren't**	**going to play**	**Are**	we	**going to play?**
You're	**going to play**	You **aren't**	**going to play**	**Are**	you	**going to play?**
They're	**going to play**	They **aren't**	**going to play**	**Are**	they	**going to play?**

► *Kurzformen: 53*

Das *going to-future* wird mit ***am/are/is*** + ***going to*** + **Infinitiv** gebildet.

20.2 Use (Gebrauch)

I'm going to be a firefighter when I grow up.
What are you going to do in Paris?

Timo's books are going to fall.

Das ***going to-future*** wird verwendet,

- um über **Absichten, Vorhaben, Pläne** für die Zukunft zu sprechen.
- um auszudrücken, dass etwas **wahrscheinlich gleich passieren** wird – es gibt bereits deutliche Anzeichen dafür (im Beispiel links wackelt der Bücherstapel schon bedenklich).

21 Modals (Modale Hilfsverben) 3:4

21.1 Form and characteristics (Form und Eigenschaften)

can	might	needn't	will
could	must	shall	would
may	mustn't	should	

► Kurzformen: 53

- Modale Hilfsverben (englisch: *modals* oder *modal auxiliaries*) werden zusammen **mit dem Infinitiv eines Vollverbs** verwendet.
(Nur in Kurzantworten können sie allein stehen: *Yes, I can. / No, you can't.* usw.)

May we **go** to the disco tonight?
– Yes, you may. / No, you may not.

- Verneinung und Frage werden **ohne *do/does/did*** gebildet.

I/You/He/She/It/We/You/They can **speak** English.

- Modale Hilfsverben haben nur **eine Form**. Es gibt keine Endungen auf *-s*, *-ing* oder *-ed*.

We weren't allowed to use a dictionary in the test.
Wir durften beim Test kein Wörterbuch benutzen.
Emily is ill. She will have to stay at home tomorrow.
Emily ist krank. Sie wird morgen zu Hause bleiben müssen.

- Modale Hilfsverben können **nicht alle Zeitformen** bilden. Daher gibt es zu bestimmten modalen Hilfsverben **Ersatzverben**.

► *can, may, must und ihre Ersatzverben: 21.5–21.7*

21.2 Use (Gebrauch)

You can take the car. I can go by bike.
Don't you think we should ask Mr Carter first?
I must go shopping. The fridge is nearly empty.

- Modale Hilfsverben drücken aus, dass jemand etwas tun **kann, darf, soll, muss, ...**

There's somebody at the door.

– It may be the postman.	Es ist vielleicht der Briefträger.
– It could be the postman.	Es könnte ... sein.
– It must be the postman.	Es muss ... sein.
– It will be the postman.	Es wird ... sein.
No, it can't be the postman.	Es kann nicht ... sein.

- Modale Hilfsverben können auch ausdrücken, wie **sicher, wahrscheinlich** oder **möglich** etwas ist.

Auf der nächsten Seite findest du eine Übersicht darüber, was die verschiedenen modalen Hilfsverben ausdrücken können.

21.3 Overview: What do modals express? (Übersicht: Was drücken modale Hilfsverben aus?)

can		
Fähigkeit	My grandfather can walk on his hands.	
Erlaubnis/Verbot	You can take the car if you like. / You can't smoke in here.	
Bitte/Aufforderung	Can I borrow your ruler? / Can you open the window, please?	
Möglichkeit	It can't be the postman. It's too early.	
could		
Fähigkeit (Vergangenheit)	I could swim when I was four.	konnte
Erlaubnis (Vergangenheit)/ **Verbot** (Vergangenheit)	I could stay up till ten o'clock when I was 14.	konnte, durfte
	We couldn't leave the hostel. We had to stay in after 11.	konnten, durften
Bitte/Aufforderung	Could you help me with this exercise?	könntest
Möglichkeit	The phone? At this time of night? Who could that be?	könnte
may		
Erlaubnis/Verbot	May I leave a bit earlier today? / This room may not be used by students.	
Angebot	May I help you?	
Möglichkeit	He may still be at school.	
might		
Möglichkeit	There might be some rain later in the afternoon.	
must		
Zwang, Notwendigkeit	You're ill. You must stay in bed.	
Wahrscheinlichkeit	That boy over there must be Jessica's brother.	
mustn't		
Verbot	You mustn't feed the animals. If you do, they'll get ill.	! darfst nicht
needn't		
Fehlen eines Zwangs/ einer Notwendigkeit	You needn't feed the animals. I've fed them.	! brauchst nicht, musst nicht
shall		
Vorschlag	Shall we take the bus? Or shall I phone for a taxi?	
should		
Ratschlag	I think you should go and see a doctor.	
Verpflichtung	Hats and coats should be left at the door.	
Wahrscheinlichkeit	They should be home by now.	
will ► *will-future: 19*		
Vorhersage, Vermutung	I'm sure it will be very hot in Greece in August.	
Wahrscheinlichkeit	Ah, the phone! That will be Uncle Henry.	
would ► *would im Bedingungssatz: 45*		
Bitte/Aufforderung	Would you pass the sugar, please?	
Angebot	Would you like some more coffee?	

21.4 *needn't or mustn't?*

- **keine Notwendigkeit:** ***needn't***

  You needn't leave the house.
  Du musst das Haus nicht verlassen. /
  Du brauchst ... nicht zu verlassen.

- **Verbot:** ***mustn't***

  You mustn't leave the house.
  Du darfst das Haus nicht verlassen.

21.5 „können": *can – (to) be able to*

Most kids can use a computer. /
Most kids are able to use a computer.

- *present tense:*
  can und *am/is/are able to*

My sister was able to ride a bike when she was four. /
My sister could ride a bike when she was four.

Could you read when you were five? I couldn't.

I could hear music, but I couldn't see anybody.

- *past tense:*
  was/were able to und *could*
  could steht vor allem in verneinten Sätzen und Fragen und mit Verben der Wahrnehmung *(see, hear, feel, ...)*.

Have you been able to contact the phone company?
Hast du die Telefonfirma erreichen können?

- *present perfect:*
  have/has been able to

Jo is ill. He won't be able to come tomorrow.
Jo ist krank. Er wird morgen nicht kommen können.

- *will-future:*
  will be able to

21.6 „dürfen": *can, may – (to) be allowed to*

Can/May I go to Ashley's party on Friday, Mum?
Are you allowed to go to Ashley's party?

- *present tense:*
  can, may und *am/is/are allowed to*

Yesterday we were allowed to watch the late film on TV.
On Saturdays we could always stay up till midnight.

- *past tense:*
  was/were allowed to und *could*

I've always been allowed to wear what I like.
Ich habe schon immer anziehen dürfen, was ich will

- *present perfect:*
  have/has been allowed to

I don't know if I'll be allowed to go to the disco on Friday.
Ich weiß nicht, ob ich am Freitag in die Disko gehen darf.

- *will-future:*
  will be allowed to

Jeans must not be worn at this school.
Jeans dürfen an dieser Schule nicht getragen werden.
At some schools you're not allowed to wear jeans.
An manchen Schulen darf man keine Jeans tragen.

! Für ausdrückliche Verbote wird ***mustn't*** oder ***be not allowed to*** verwendet.

21.7 „müssen“: *must – (to) have to*

Jo can go to the party, but he has to be back by 11 o'clock.
Jo's mother said: 'You must be back by 11 o'clock.'

- ***present tense:***
  have/has to und ***must*** (*have to* ist häufiger als *must*, auch in der Gegenwart!)

You don't have to wear a dress, you can wear jeans. /
You needn't wear a dress, you can wear jeans.
Du musst kein Kleid anziehen, ...

Um auszudrücken, dass jemand etwas **nicht tun muss**:
do/does not have to oder ***needn't***

I had to get up really early this morning – at 5 o'clock!
When did you have to get up?

- ***past tense:***
  had to

We've never had to do so much homework.
Wir haben noch nie so viele Hausaufgaben machen müssen.

- ***present perfect:***
  have/has had to

You will have to work harder this year.
Du wirst dieses Jahr härter arbeiten müssen.

- ***will-future:***
  will have to

Do you have to wear a school uniform at your school?
Did you have to tell Hannah that I kissed Sophia?
I felt ill, but I didn't have to see the doctor.

! ***(to) have to*** ist ein Vollverb, also werden Fragen und Verneinungen im *simple present* und *simple past* mit *do/does/did* gebildet.

Musstest du Hannah erzählen, dass ich auf deiner Party Sophia geküsst habe?

a) Wähle die passenden Formen von (to) be able to, (to) be allowed to, (to) have to *aus dem Kästchen und bilde sinnvolle Sätze.*

was able to (2x) • had to • will be allowed to • will have to

1 Our CD player didn't work any more, so we ... buy a new one.
2 Do you think we ... use a dictionary in our English test tomorrow? I hope so.
3 Little Jenny fell into the swimming pool. Luckily, she ... pull herself out.
4 I'm sorry, I ... go in a minute. I've got an appointment with the head teacher.
5 There was snow and ice on the road, but the driver ... stop the car.

b) mustn't *oder* needn't?

1 You ... tell Dad about the trip. He already knows.
2 You ... tell Mum about the trip. It's a surprise.

22 The passive (Das Passiv)

4: 2

22.1 Active and passive (Aktiv und Passiv)

	Subject	
Active:	William Herschel	discovered Uranus in 1781.
	William Herschel	entdeckte Uranus im Jahr 1781.
Passive:	Uranus	was discovered in 1781.
	Uranus	wurde im Jahr 1781 entdeckt.

Man kann einen Vorgang auf zwei verschiedene Weisen beschreiben:

- Man kann einen **Aktivsatz** verwenden und sagen, **wer oder was etwas tut**.
  Der Beispielsatz sagt etwas über Herschel aus: *Herschel entdeckte ...*
- Man kann einen **Passivsatz** verwenden und sagen, **mit wem oder womit etwas geschieht**.
  Der Beispielsatz sagt etwas über Uranus aus: *Uranus wurde ... entdeckt.*

22.2 Form (Form)

Simple present	Lots of cars	are	stolen.
	...	werden gestohlen.	
Simple past	Lots of cars	were	stolen.
	...	wurden gestohlen.	
Present perfect	Lots of cars	have been	stolen.
	...	sind gestohlen worden.	
Past perfect	Lots of cars	had been	stolen.
	...	waren gestohlen worden.	
***will*-future**	Lots of cars	will be	stolen.
	...	werden gestohlen werden.	
Modals	Lots of cars	could/might be	stolen.
	...	könnten gestohlen werden.	

► *Zeitformen im Aktiv: 8.3*

Das Passiv wird mit einer **Form von *be* und der 3. Form des Verbs** (Partizip Perfekt, *past participle*) gebildet.

► *Bildung des Partizip Perfekt: 15.1*

22.3 Use (Gebrauch)

A 15-year-old boy was injured in an accident in South Tottenham yesterday afternoon. An ambulance was called and the boy was taken to hospital, where he was treated for shock. The driver of the car that hit him is answering police questions at Tottenham police station and

A girl was hit by a taxi when **she** was cycling along Baker Street. **She** fell and hurt her leg. **She** was taken to hospital where **she** was seen by a doctor.

Mit Passivsätzen kann man Handlungen beschreiben, **ohne zu sagen, wer die Handlung ausführt**.
Das Passiv wird daher oft in Nachrichten, in Zeitungsartikeln, in technischen Beschreibungen und auf Schildern verwendet, wenn man den „Täter" oder „Verursacher" nicht nennen kann oder nicht nennen will.

Oft wechselt man zwischen Aktiv- und Passivsätzen, wenn man mehrere Aussagen über dieselbe Person oder Sache macht.

Coats **should be left** at the door.
Mäntel sollte man am Eingang abgeben.

Two helicopters **could be seen**.
Man konnte zwei Hubschrauber sehen.

Im Deutschen werden englische Passivsätze oft durch einen Aktivsatz mit „man" wiedergegeben.

22.4 Passive sentences with *by* ... (Passivsätze mit *by* ...)

The planet Uranus **was discovered** by **William Herschel**.
... wurde von William Herschel entdeckt.

Half the village **was destroyed** by **an earthquake**.
... wurde durch ein Erdbeben zerstört.

Wenn man in einem Passivsatz den „Täter" oder „Verursacher" nennen will, verwendet man die Präposition ***by*** („von", „durch").

Vervollständige die Passivsätze. Achte auf die richtige Zeitform: simple present *oder* simple past?

Can you...?

1 Manchester United's stadium (call) 'Old Trafford'. It (build) in 1909.
Manchester United's stadium ***is called*** *'Old Trafford'. It* ***was*** *... in 1909.*
2 The telephone (invent) by Alexander Graham Bell.
3 Last night a film (show) at our youth club.
4 The new bridge (open) by the Queen last Saturday.
5 The Golden Gate Bridge (design) by Joseph Strauss.
6 Every year, thousands of people (kill) in car accidents.

Überprüf nochmal die Adresse, Jake.
Ich glaube nicht, dass wir erwartet werden.

23 Question tags (Frageanhängsel)

23.1 Use (Gebrauch)

You've been here before, haven't you?
Du warst schon mal hier, nicht wahr?

You didn't have to pay, did you?
Du musstest nicht bezahlen, ne?

We can start now, can't we?
Wir können jetzt anfangen, nicht?

Frageanhängsel *(haven't you? / did you? / can't we? / ...)* werden oft in Gesprächen benutzt, wenn man vom Gesprächspartner **Zustimmung** zu seiner Aussage erwartet. Deutsche Frageanhängsel sind zum Beispiel „nicht wahr?", „nicht?", „ne?", „ja?".

23.2 Form (Form)

Frageanhängsel bestehen aus einem **Hilfsverb** und dem zum Subjekt passenden **Personalpronomen**.

bejaht	verneint
Sophie can speak French,	can't she?
'Yesterday' is a song by the Beatles,	isn't it?
Dad has repaired the bike,	hasn't he?

- Wenn der **Aussagesatz bejaht** ist, ist das **Frageanhängsel verneint**.

verneint	bejaht
Pete can't swim,	can he?
Chips weren't invented in Britain,	were they?
You haven't seen Tim,	have you?
John didn't hurt you,	did he?

- Wenn der **Aussagesatz verneint** ist, ist das **Frageanhängsel bejaht**.

Your parents **live** in Bath, don't they?
Mr Connor **looks** good, doesn't he?
You **met** your girlfriend in Greece, didn't you?

! Enthält ein Satz kein Hilfsverb, sondern nur ein Vollverb, dann steht im Frageanhängsel ***don't, doesn't*** oder ***didn't***.

There are a lot of restaurants in this area, aren't there?
Es gibt eine Menge Restaurants in dieser Gegend, nicht?

! ***There*** ... im Aussagesatz bleibt ***there*** im Frageanhängsel:
There *are ..., aren't* ***there****?*
There *isn't ..., is* ***there****?*

Ordne die Frageanhängsel den Aussagen zu, z. B. 1 C.

1 Look, that's your mum's car, ...
2 The Browns don't live here any more, ...
3 The weather was awful last summer, ...
4 But you saw her last night, ...
5 We don't have to do all these exercises, ...

3 A wasn't it?
5 B do we?
1 C isn't it?
4 D didn't you?
2 E do they?

24 The *to*-infinitive (Der Infinitiv mit *to*)

24.1 … after verb + object (… nach Verb + Objekt)

	Verb	Object	*to*-infinitive	
Andrew	**taught**	**his sister**	to ride	a bike.
May we	**ask**	**you**	not to smoke	in the restaurant?

Andrew **taught his sister** to ride a bike.
Andrew brachte seiner Schwester bei, Rad zu fahren.

May we **ask you** not to smoke in the restaurant?
Wir möchten Sie bitten, im Restaurant nicht zu rauchen.

Nach bestimmten Verben kann ein **Objekt + *to*-Infinitiv** stehen, z.B. *(to)* ***allow/ask/help/teach sb. to do sth.***

Im Deutschen steht meist ein Infinitiv mit **„zu"**: ***jm. erlauben, etwas zu tun*** usw.

K

Grandma **expects us** to be home by 10.
Oma erwartet, dass wir um 10 zu Hause sind.

Mrs Black **told us** to meet in the car park.
Mrs Black sagte, dass wir uns auf dem Parkplatz treffen sollten.

We **want you** to help us. / We **would like you** to help us.
Wir wollen, dass du uns hilfst. / Wir möchten, dass du uns hilfst.

!

Auch nach ***expect, tell, want, would like*** kann ein **Objekt + *to*-Infinitiv** stehen.
Im Deutschen steht oft ein **Nebensatz mit „dass"**. Aber auf die englischen Verben darf kein *that*-Satz folgen!

Vergleiche: *Wir **wollen**, **dass du uns hilfst**.*
*We **want you to help us**.*
Nicht: *We want ~~that you help us~~.*

24.2 … after question words (… nach Fragewörtern)

Nach *ask, explain, find out, know, show, tell, wonder* steht oft eine Kombination aus **Fragewort + *to*-Infinitiv**.

Vergleiche:
*I didn't know **who to ask**.*
*I didn't know **who I should/could ask**.*
(„…, wen ich fragen sollte/könnte.")

a) Sieh dir die eingeklammerten Sätze an. Vervollständige dann die anderen Sätze.

1 (The teacher said: 'Jake, clean the board, please.') — *The teacher **wanted Jake** … the board.*
2 (The policeman said that I had to wait outside.) — *The policeman **told** … outside.*
3 (We all thought she would win the competition.) — *We all **expected** …*
4 (Dad thinks we should tidy up our rooms.) — *Dad **would like** …*

b) Vervollständige die Sätze. Welches Fragewort passt?

1 Can you tell me … to get to the cathedral?
2 I wasn't sure … to believe, my brother or my sister.
3 Computer games are OK if you know … to stop.
4 I was so embarrassed I didn't know … to say.

how • what • when • who

25 The gerund (Das Gerundium) 4:1

25.1 The *-ing* form as a noun (Die *-ing*-Form als Nomen)

(to) work + **-ing** → **working**
Jenna is **working** in the garden.

▸ *Verlaufsformen: 8.2, 11, 14, 16*

Man kann von jedem Vollverb eine **-*ing*-Form** bilden. Sie wird für die Verlaufsformen *(progressive forms)* benötigt.

Reading is fun. (Vergleiche: **Yoga** is fun.)
I love reading. (Vergleiche: I love **yoga**.)

Die **-*ing*-Form** kann auch **wie ein Nomen** verwendet werden. Sie wird dann als **Gerundium *(gerund)*** bezeichnet.

Reading **animal stories** is fun.
Tiergeschichten zu lesen... / Das Lesen von Tiergeschichten ...

I love reading **in bed at night**.
Ich liebe es, nachts im Bett zu lesen.

Das Gerundium kann – wie ein Verb – erweitert werden, z.B. durch ein **Objekt** *(animal stories)* oder eine **Orts- oder Zeitangabe** *(in bed at night)*.

25.2 The gerund as subject (Das Gerundium als Subjekt)

Subject	
Cycling	is fun.
Cycling in big cities	can be dangerous.

In großen Städten Rad zu fahren kann gefährlich sein. / **Das Radfahren in großen Städten** kann gefährlich sein.

Wie jedes Nomen kann das Gerundium (und seine Erweiterung) **Subjekt** eines Satzes sein.
Im Deutschen wird es oft durch einen Infinitiv mit „zu" oder durch ein Nomen wiedergegeben.

25.3 The gerund as object (Das Gerundium als Objekt)

	Object	
Dad **gave up**	smoking	years ago.
My sister **stopped**	eating meat	when she was 15.

Meine Schwester hat aufgehört, **Fleisch zu essen**, als sie 15 war.

Das Gerundium (und seine Erweiterung) kann auch **Objekt** eines Satzes sein.

Do you **miss** seeing your friends when you're on holiday?
Stop talking, please.
I need to **practise** writing essays.

K I **enjoy** living in Bath.
Ich genieße es, in Bath zu leben. / Ich lebe gern in Bath.

I can't **imagine** living in Bristol.
Ich kann mir nicht vorstellen, in Bristol zu leben.

! Beachte:

- Nach manchen Verben **muss** ein weiteres Verb als Gerundium stehen. Beispiele: ***enjoy, finish, give up, imagine, miss, practise, stop***.

  Anders als im Deutschen darf nach diesen Verben **kein Infinitiv** stehen! Also nie:
  I ~~enjoy to live~~ ... / I can't ~~imagine to live~~ ...

My brother likes riding / likes to ride his bike to school.
Mein Bruder fährt gern mit dem Rad zur Schule.

- Nach ***begin, continue, hate, like, love, start*** kann – bei gleicher Bedeutung – ein Gerundium **oder** ein *to*-Infinitiv stehen.

I'd love (= I **would love**) to live in France.
Would you **like** to go out? – No, **I'd like** to stay at home.

! Aber nach ***would like, would love, would hate*** kann nur der *to*-Infinitiv stehen.

25.4 The gerund after prepositions (Das Gerundium nach Präpositionen)

They left the shop **without** paying.
..., ohne zu bezahlen.

After all that running, they were thirsty.
Nach all dem Gerenne ... / Nachdem sie so viel gerannt waren ...

Instead of waiting for the bus, we decided to walk home.
Anstatt auf den Bus zu warten ...

Who is famous **for** designing Clifton Suspension Bridge?
Wer ist berühmt dafür, dass er ... entworfen hat?

Nach einer **Präposition** *(after, at, for, in, instead of, of, with, without, ...)* muss ein **Verb als Gerundium** stehen.

Sieh dir die verschiedenen deutschen Entsprechungen an.

Im Folgenden findest du eine Reihe von nützlichen Wendungen mit **Präposition + Gerundium**.

Adjective + preposition + gerund

Ryan is afraid of **going** in lifts.	Angst vor etwas haben
I'm excited about **flying** to New York.	aufgeregt sein wegen etwas; sich auf etwas freuen
I'm good at **giving** presentations.	gut in etwas sein
I'm bad at **writing** essays.	schlecht in etwas sein
My sister is interested in **sailing**.	interessiert sein an etwas; sich für etwas interessieren
We're tired of **waiting**.	genug von etwas haben; etwas satt haben

Noun + preposition + gerund

What are the advantages of **living** in the country?	Vorteil *auf dem Land zu leben/des Landlebens*
They had no chance of **catching** the train.	Chance, Gelegenheit *den Zug zu bekommen*
I like the idea of **giving** a party for Grandma.	Vorstellung, Idee *eine Party für Oma zu geben*
What were your reasons for **moving** to Berlin?	Grund *nach Berlin zu ziehen*
There must be another way of **getting** inside.	Art und Weise, Weg *hineinzugelangen*

Verb + preposition + gerund

Everyone is against **going** to war.	gegen etwas sein
Grandma dreams of **meeting** the Queen.	von etwas träumen
They've been talking about **closing** that cinema for months.	über etwas sprechen, von etwas reden
Have you thought of **changing** school?	an etwas denken, etwas in Betracht ziehen
He worries about **losing** his job.	sich Sorgen machen wegen/um etwas

We look forward to **hearing** from you.
Wir freuen uns darauf, von Ihnen zu hören.

! Das ***to*** in ***look forward to*** („sich freuen auf") ist eine Präposition. Ein folgendes Verb muss daher als Gerundium stehen.

Can you...?

Gerundium oder to-*Infinitiv? Schreibe die Sätze mit der richtigen Form in dein Heft.*

1 We're planning (**spending / to spend**) our holidays on the coast this year. You'll enjoy (**swimming / to swim**) in the sea.
2 (**Flying / To fly**) to Spain was very exciting for me and my sister.
3 I would like (**living / to live**) in Spain. Can you imagine (**living / to live**) in Spain?
4 Have you finished (**revising / to revise**) your essay?

The noun (Das Nomen)

26 The plural of nouns (Der Plural der Nomen)

	Singular			Plural	
one	**cat**		two	**cats**	[-s]
	dog			**dogs**	[-z]
	tree			**trees**	[-z]
	bus	[-s]		**buses**	[-ɪz]
	bridge	[-dʒ]		**bridges**	[-ɪz]

Der Plural (die Mehrzahl) eines Nomens wird in der Regel mit **-s** gebildet:

Singular + s = Plural

Nach Zischlauten, z.B. [s], [z], [ʃ], [tʃ], [dʒ], wird ***-es*** oder ***-s*** angehängt, je nach Schreibung des Singulars.

	Singular			Plural	
one	**story**		two	**stories**	
	monkey			**monkeys**	
one	**half**, **knife**, **life**, **shelf**, **thief**, **wife**		two	**halves**, **knives**, **lives**, **shelves**, **thieves**, **wives**	
one	**hero**		two	**heroes**	
	potato			**potatoes**	
	tomato			**tomatoes**	
one	**child**	[tʃaɪld]	two	children	['tʃɪldrən]
	man	[mæn]		men	[men]
	woman	['wʊmən]		women	['wɪmɪn]
	foot			feet	
	mouse			mice	
	tooth			teeth	
one	**deer**		two	deer	
	dice			dice	
	series			series	
	sheep			sheep	

! Beachte:

- ***-y*** nach **Konsonant** wird zu ***-ies***.
  (Aber ***-y*** nach **Vokal** bleibt ***-y***.)
- Nomen, die auf ***-f*** oder ***-fe*** enden, bilden den Plural meist mit ***-ves***.
- Die Nomen ***hero, potato*** und ***tomato*** bilden den Plural mit ***-es***.
  (Aber: *discos, kilos, photos, pianos, radios, studios, videos*)
- Einige Nomen haben **unregelmäßige Pluralformen**.

27 Plural nouns (Nomen, die nur im Plural stehen)

K **Plural im Englischen – Singular im Deutschen**

Those **trousers** are great. Were they expensive?
Die **Hose** ist toll. War sie teuer?

I need some new **pyjamas**. These are too small.
Ich brauche einen neuen **Schlafanzug**. Dieser ist zu klein.

These **headphones** sound great. Can we buy them?
Dieser **Kopfhörer** klingt toll. Können wir ihn kaufen?

I bought a new pair of **jeans** yesterday. — eine neue Jeans
Why do you need two pairs of **glasses**? — zwei Brillen

Einige englische Nomen werden **immer im Plural** gebraucht:

Sie haben keinen Singular und dürfen nicht mit dem unbestimmten Artikel *a* oder mit den Zahlwörtern *one/two/three* usw. verwendet werden.

Vergleiche die Beispiele links mit ihren deutschen Übersetzungen.

Wenn man eine bestimmte Anzahl Hosen, Brillen usw. nennen möchte, muss man ***a pair of ..., two pairs of ...*** verwenden.

K

Clothes are often expensive in small boutiques.
Kleidung ist / **Kleider** sind oft teuer ...

These **stairs** aren't very safe.
Diese **Treppe** ist / Diese **Treppen** sind nicht sehr sicher.

Where are the **police**? Did you call them?
Wo ist die **Polizei**? Hast du sie *(Singular)* gerufen?

! Zu den Nomen, die keinen Singular haben und immer als Plural verwendet werden, gehören auch ***clothes*** und ***stairs*** sowie ***police***.

28 Uncountable nouns (Nicht zählbare Nomen) 4: 3

Zählbare Nomen (Countable nouns)

a friend – two friends	an idea – some ideas
a book – lots of books	one year – many years

Die meisten Nomen sind **zählbar**, das heißt, sie kommen im Singular und im Plural vor.

Nicht zählbare Nomen (Uncountable nouns)

bread *Brot*	**love** *Liebe*	**paper** *Papier*
butter *Butter*	**luck** *Glück*	**sugar** *Zucker*
cheese *Käse*	**milk** *Milch*	**time** *Zeit*
coffee *Kaffee*	**money** *Geld*	**traffic** *Verkehr*
jewellery *Schmuck*	**music** *Musik*	**water** *Wasser*

Nicht zählbare Nomen haben keinen Plural und stehen nicht mit *a/an* oder *one/two/three* usw.

! Man kann zwar Geld zählen, aber die Wörter „Geld" und *money* sind nicht zählbar: Man kann nicht sagen „drei Geld" oder *three money*.

Two **litres of** milk and a **kilo of** sugar, please.
Would you like a **cup of** coffee or a **glass of** water?
The police found some **pieces of** jewellery in the flat.

Wenn man bestimmte Mengen oder eine bestimmte Anzahl nennen möchte, verwendet man passende Wendungen wie ***a glass of ..., a kilo of ..., a piece of ..., two packets of ...*** .

K

Where did you get this information? It's priceless!
Woher hast du diese Information(en)? Sie ist/sind unbezahlbar!

That's too much homework. I can't do it all tonight.
Das sind zu viele Hausaufgaben. Ich kann sie nicht alle heute Abend machen.

Your hair looks nice. Who cut it?
Deine Haare sehen gut aus. Wer hat sie geschnitten?

I like your new furniture. Where did you buy it?
Ich mag deine neuen Möbel. Wo hast du sie gekauft?

Camping equipment doesn't have to be expensive!
Camping-Ausrüstungen müssen nicht teuer sein!

! Auch diese englischen Nomen sind **nicht zählbar**:

information	*Information(en)*
homework	*Hausaufgabe(n)*
hair	*Haar(e)*
furniture	*Möbel*
equipment	*Ausrüstung(en)*

Vergleiche die Beispiele links mit ihren deutschen Übersetzungen.

No news is good news. ... sind gute Nachrichten.
The USA is a very big country. ... sind ein sehr großes Land.

Auch ***news*** und ***the Unites States/the USA*** werden als Singulare verwendet – trotz des Plural-***s***.

► *Mengenangaben bei zählbaren und nicht zählbaren Nomen: 33.1*

Additional information

uncountable	countable
Your **hair** looks great. deine Haare, deine Frisur	There are some **hairs** on your jacket. ein paar (einzelne) Haare
Is there any **coffee/tea**? Kaffee/Tee	Two **coffees** and two **teas**, please. zwei Kaffee und zwei Tee
Sugar makes you fat. Zucker	Milk and two **sugars**, please. zwei (Stück) Zucker
I need some **paper** for the printer. Papier	Your **papers**, please. Ihre Papiere, bitte. *(Ausweiskontrolle)*

Manche Nomen können je nach Bedeutung zählbar oder nicht zählbar sein. Vergleiche die Beispiele links.

Can you...?

a) Vervollständige die Sätze.

1 The international news ... (**is / are**) at eight o'clock.
2 The police ... (**was / were**) waiting round the corner, with an ambulance behind ... (**it / them**).
3 The black trousers ... (**is / are**) too tight, but the red jeans ... (**looks / look**) good on you.
4 I have to wear ... (**glasses / a glass**) when I'm working at the computer.
5 I need some ... (**information / informations**) about flights to Dublin, please.

b) Sieh dir die Bilder an – all das muss eingekauft werden.
Vervollständige die Einkaufsliste mit den Ausdrücken aus dem Kästchen.

2 bottles • 1 kilo • 2 packets • 1 piece • 1/2 pound

Shopping list
1/2 ... of butter
2 ... coffee
1 ...
...
...

29 *s*-genitive and *of*-phrase (*s*-Genitiv und *of*-Fügung)

Is that **John's car** over there? ... Johns Auto
What was **the woman's name**? ... der Name der Frau

Singular:	's	**the girl's room** das Zimmer des Mädchens
Plural auf -*(e)s*:	'	**the girls' room** das Zimmer der Mädchen
Plural nicht auf -*(e)s*:	's	**the children's room** das Zimmer der Kinder

- Wenn man sagen will, dass etwas **einer Person gehört** (oder zu einer Person gehört), benutzt man den ***s*-Genitiv**.

The doors of his car were open. Die Türen seines Autos ...
What's **the name of the street**? ... der Name der Straße

- Wenn man sagen will, dass etwas **zu einer Sache gehört**, benutzt man die ***of*-Fügung**.

I felt ill and went **to the doctor's**.	zum Arzt
My sister is **at the hairdresser's** (shop).	beim Friseur
Is there a **chemist's** (shop) near here?	eine Apotheke
We went to a party **at the Devlin's** (house).	bei den Devlins

Beachte:
- Der ***s*-Genitiv** steht auch bei bestimmten **Ortsangaben**, z.B. bei Geschäften oder Arztpraxen und bei Häusern und Wohnungen von Bekannten. Die Wörter *shop* oder *house/flat* werden weggelassen, sind aber mitgedacht.

Have you read **today's paper** yet?
... die Zeitung von heute / die heutige Zeitung

(on TV) And now for **tomorrow's weather**: ...
... das Wetter von morgen / das morgige Wetter

Do you know **last week's football results**?
... die Fußballergebnisse von letzter Woche / der letzten Woche

- **Zeitangaben** können als ***s*-Genitiv** vor einem Nomen stehen.

two **kilos** of potatoes	zwei Kilo Kartoffeln
a **pound** of salmon	ein Pfund Lachs
one **metre** of snow	ein Meter Schnee
a **piece** of cake	ein Stück Kuchen
three **pairs** of shoes	drei Paar Schuhe
two **bottles** of milk	zwei Flaschen Milch
a **glass** of water	ein Glas Wasser
a **packet** of crisps	eine Packung Chips

- Die ***of*-Fügung** wird bei **Maß-** und **Mengenangaben** *(two kilos of ..., a metre of ...)* und bei **Behältnissen** *(two bottles of ..., a packet of ...)* verwendet.

the **city** of Glasgow	die Stadt Glasgow
the **town** of Milton Keynes	die Stadt Milton Keynes
the **island** of Majorca	die Insel Mallorca

- Die ***of*-Fügung** steht in **Ortsangaben** wie *the city of ..., the island of ...*

30 The prop word *one/ones* (Das Stützwort *one/ones*)

K

This mobile is better than the one you gave me.
Dieses Handy ist besser als das, das du mir gegeben hast.

These boots look nice. What about the black ones?
– I like the red ones better.
Diese Stiefel sehen gut aus. Wie wäre es mit den schwarzen?
– Ich mag die roten lieber.

Welchen hättest du gern? – Den kleinen.

Wenn man ein schon genanntes zählbares Nomen nicht wiederholen will, muss man ***one*** (Singular) bzw. ***ones*** (Plural) verwenden.

Man nennt *one/ones* „Stützwort", weil im Englischen – anders als im Deutschen – Adjektive und der bestimmte Artikel nicht allein stehen können: Sie brauchen eine „Stütze".

Das **Stütz**wort *one/ones*

the black one ***the red one*** ***the blue one***

Determiners and pronouns (Begleiter und Pronomen)

- **Begleiter** stehen vor einem Nomen: ***the** book – **a** girl – **my** CD – **this** road – **some** chips – ...*
- **Pronomen** (Fürwörter) stehen für ein Nomen: ***it** (the book) – **mine** (my CD) – ...*

31 Overview (Übersicht)

Articles (Artikel) ▸ 32	the – a/an
Personal pronouns (Personalpronomen)	I – you – he – she – it – we – you – they me – you – him – her – it – us – you – them
Possessive determiners (Possessivbegleiter)	my – your – his – her – its – our – your – their
Possessive pronouns (Possessivpronomen)	mine – yours – his – hers – ours – yours – theirs
Demonstrative determiners/pronouns (Demonstrativbegleiter/-pronomen)	this – that – these – those
Quantifiers (Mengenangaben) ▸ 33	a lot (of) – much – many – a little – a few – some – any – every – no – ...
Reflexive pronouns (Reflexivpronomen) ▸ 34	myself – yourself – himself – herself – itself – ourselves – yourselves – themselves
Relative pronouns (Relativpronomen) ▸ 48	who – which – that – whose

32 The articles (Die Artikel)

32.1 Form and pronunciation (Form und Aussprache)

Der **bestimmte Artikel** *(definite article)* heißt ***the***, der **unbestimmte Artikel** *(indefinite article)* heißt ***a*** oder ***an***.

Bestimmter Artikel			Unbestimmter Artikel		
[ðə]	the boy	der Junge	a	boy	ein Junge
	the door	die Tür	a	door	eine Tür
	the new car	das neue Auto	a	new car	ein neues Auto
	the CDs	die CDs			
[ði]	the uncle	der Onkel	an	uncle	ein Onkel
	the aunt	die Tante	an	aunt	eine Tante
	the old car	das alte Auto	an	old car	ein altes Auto
	the ideas	die Ideen			

- Wenn das Nomen (bzw. das Adjektiv) am Anfang mit einem **Konsonanten** gesprochen wird, steht der unbestimmte Artikel ***a***, und ***the*** wird [ðə] ausgesprochen.
- Wenn das Nomen (bzw. das Adjektiv) am Anfang mit einem **Vokal** gesprochen wird, steht der unbestimmte Artikel ***an***, und ***the*** wird [ði] ausgesprochen.

!

the uncle [ði‿'ʌŋkl]
an uncle [ən‿'ʌŋkl]

the hour [ði‿'aʊə]
an hour [ən‿'aʊə]

the uniform [ðə 'ju:nɪfɔ:m]
a uniform [ə 'ju:nɪfɔ:m]

the house [ðə 'haʊs]
a house [ə 'haʊs]

! Bei einigen wenigen Wörtern könnte die Schreibung zu Fehlern führen. Beachte, dass die **Aussprache** des Wortes entscheidend ist, nicht die Schreibung!

32.2 The definite article – special cases (Der bestimmte Artikel – Besonderheiten)

4: 3

1 **Noise** is bad for your health.
Lärm ...
2 The **noise** in this room is terrible.
Der Lärm in diesem Zimmer ...

1 Green **tea** is delicious.
Grüner Tee ...
2 The **tea** we got on the train was horrible.
Der Tee, den wir im Zug bekommen haben, ...

1 **Sand** is used to make glass.
Sand ...
2 The **sand** on this beach doesn't look very clean.
Der Sand an diesem Strand ...

1 **Children** like ice cream.
Kinder ...
2 The **children** in our street are all very nice.
Die Kinder in unserer Straße ...

1 Big **cars** need a lot of petrol.
Große Autos ...
2 The **cars** that we looked at were all too expensive.
Die Autos, die wir uns angesehen haben, ...

1 **Life** in London is expensive.
Das Leben in London ...
2 What do you know about the **life** of Madonna?
... das Leben von Madonna

- **Abstrakte Nomen** *(life, love, noise, ...)*, **Stoffbezeichnungen** *(tea, oil, sand, ...)* und **Nomen im Plural** *(children, cars, ...)*
  – stehen **ohne bestimmten Artikel**, wenn sie ganz allgemein verwendet werden (in den **Sätzen 1** geht es um Lärm, um grünen Tee, um das Leben in London usw. im Allgemeinen)
  – stehen **mit bestimmtem Artikel**, wenn sie näher bestimmt sind, z.B. durch eine Ortsangabe, einen Relativsatz oder eine *of*-Fügung (in den **Sätzen 2** geht es um den Lärm in einem bestimmten Zimmer, um ein ganz bestimmtes Leben usw.).

1 We go **to church** every Sunday. *(zum Gottesdienst)*
2 There's a concert in the **church** on Friday.

1 He spent two years **in prison**. *(als Strafe)*
2 He works in one of the factories behind the **prison**.

1 I know her **from school**. *(vom Unterricht)*
2 Go straight on until you get to the **school**, then turn left.

1 Dad's ill. He's **in hospital**. *(zur Behandlung)*
2 Let's meet at the bus stop in front of the **hospital**.

- **Gebäudebezeichnungen** wie *church, prison, school*
  – stehen **ohne bestimmten Artikel**, wenn es um die Funktion bzw. den Zweck des Gebäudes geht **(Sätze 1)**
  – stehen **mit bestimmtem Artikel**, wenn es um ein bestimmtes Gebäude geht **(Sätze 2)**.

I live **in Elm Street** / **in Brick Lane** / **near Oxford Circus**.
Let's go for a walk **in Hyde Park**.
Let's look **at Trafalgar Square** too.
They've got a little cabin **near Lake Michigan**.
Have you ever seen **Buckingham Palace** / **St Paul's Cathedral** / **Nelson's Column**?

- **Namen** von **Straßen, Plätzen, Parks, Seen, Bergen** stehen – anders als im Deutschen – in der Regel **ohne bestimmten Artikel**, ebenso die Namen vieler **Gebäude**.

32.3 The indefinite article – special cases (Der unbestimmte Artikel – Besonderheiten)

My mother is a **dentist**. I'd like to be a **fashion designer**.
Meine Mutter ist Zahnärztin. Ich möchte Modedesigner werden.
After more than 20 years in Berlin, he became a **German**.
Nach mehr als 20 Jahren in Berlin wurde er Deutscher.

- Anders als im Deutschen stehen **Berufs-** und **Nationalitätsangaben** mit **unbestimmtem Artikel**.

My father works **as** an engineer. ... als Ingenieur
You can use your shoe **as** a hammer. ... als Hammer
You can't get to the lake **without** a car. ... ohne Auto

- Anders als im Deutschen steht der **unbestimmte Artikel** nach *as* („als") und nach *without*.

We sell about 60 mobiles a **week**.
... etwa 60 Handys pro Woche / in der Woche / die Woche.
The speed limit is 30 miles an **hour**.
... 30 Meilen pro Stunde / in der Stunde / die Stunde.
Potatoes were 59p a **kilo**.
... 59 Pence pro Kilo / das Kilo / je Kilo.

- Der **unbestimmte Artikel** steht in der Bedeutung „pro", „je" vor **Zeitangaben** und vor **Maß- und Mengenangaben**.

Was ist korrekt: **the**? **a**? *Oder ohne Artikel? Schreib die Sätze in dein Heft.*

1 My brother is ... paramedic. He works five nights ... week in our local hospital.
2 Mr Jones travels to ... hospital every evening to visit his wife.
3 I think ... bread tastes best when it's fresh.
4 ... bread that we bought at the supermarket was old.
5 I don't usually drink ... coffee in the evenings.
6 ... coffee that they sell here is so good that I always have two cups. And it's only 50p ... cup.

33 Quantifiers (Mengenangaben)

I met a lot of / lots of surfers on the beach.
There was some cheese but not much bread.
We haven't got any orange juice.

Begleiter	There's some **chocolate** in the kitchen.
Pronomen	Can I have some?

Wenn man über **unbestimmte Mengen** spricht, benutzt man **Mengenangaben** wie *a lot (of), much, many, some, any, every, ...*

Die meisten Mengenangaben können als Begleiter vor einem Nomen stehen oder als Pronomen verwendet werden.

33.1 Quantifiers with countable and uncountable nouns (Mengenangaben bei zählbaren und nicht zählbaren Nomen)

4: 3

zählbar	Can I have some apples, please?	ein paar
nicht zählbar	Can I have some milk, please?	etwas
zählbar	How many apples have we got?	wie viele
nicht zählbar	How much milk have we got?	wie viel

► *Nicht zählbare Nomen: 28*

- Manche Mengenangaben können **sowohl** bei zählbaren **als auch** bei nicht zählbaren Nomen stehen.
- Andere stehen **nur** bei zählbaren oder **nur** bei nicht zählbaren Nomen.

Sieh dir dazu die **Übersicht** auf S. 44 an.

Countable nouns	Uncountable nouns
I'd like a lot of children. ... viele Kinder I've got some ideas. ... einige/ein paar Ideen There aren't any eggs. ... keine Eier (mehr) There were no CDs. ... keine CDs	I'd like a lot of money. ... viel Geld I've got some time. ... etwas Zeit There isn't any butter. ... keine Butter (mehr) There was no music. ... keine Musik
How many CDs have you got? – Not many. Just a few. Wie viele CDs hast du? – Nicht viele. Nur ein paar.	
	How much time have we got? – Not much. Just a little. Wie viel Zeit haben wir? – Nicht viel. Nur ein bisschen.

- ***a lot of/lots of, some, any, no*** verwendet man sowohl mit dem Plural von zählbaren Nomen als auch mit nicht zählbaren Nomen.

▸ *some/any: 33.2*

- ***many*** („viele") und ***(a) few*** („wenige", „ein paar") werden nur mit dem **Plural von zählbaren Nomen** verwendet.
- ***much*** („viel") und ***(a) little*** („wenig", „ein bisschen") werden nur mit **nicht zählbaren Nomen** verwendet.

- **zählbare Nomen im Plural:** ***many / (a) few***
- **nicht zählbare Nomen:** ***much / (a) little***

positive There was a lot of traffic on the motorway.
negative We **didn't** have much time.
question Are there many accidents in your street?

- In **bejahten Aussagesätzen** steht meist ***a lot of*** oder ***lots of***. In **verneinten Aussagesätzen** und in **Fragen** steht meist ***much*** bzw. ***many***.

There were already a few (= some) people in the queue, but I didn't have to wait long. ... ein paar Leute ...
There were few (= not many) people in the streets so late at night. ... (nur) wenige Leute ...

- ***a few*** entspricht dem deutschen „ein paar". ***few*** entspricht dem deutschen „wenige", „nicht viele".

They gave her a little (= some) money and sent her to the shops. ... etwas/ein bisschen Geld ...
We had very little (= not much) money when we were young. ... sehr wenig Geld ...

- ***a little*** entspricht dem deutschen „etwas", „ein bisschen". ***little*** entspricht dem deutschen „wenig", „nicht viel".

Welche Mengenangabe passt in den Satz?

1 (much/some) We don't get ... snow where we live.
2 (many/much) I don't drink ... coffee. Just one cup in the morning.
3 (many/some) There's ... milk in the fridge. Help yourself.
4 (some/a few) I can give you ... money if you need it.
5 (a few/a little) There are ... apples left in the bowl.

33.2 *some/any* and their compounds (*some/any* und ihre Zusammensetzungen)

I'll go to the shops and get some **eggs**.
I'm thirsty. – There's some **milk** in the fridge.

- *some*: vor allem in **bejahten Aussagesätzen**
  Deutsch: „einige" *(some eggs/stamps/...)* oder „etwas" *(some milk/money/...)*

We have**n't** got any **butter**. ... keine **Butter** (mehr)
Are there any **apples**? – No, there are**n't** any.
Gibt es (noch) **Äpfel**. – Nein, es sind keine mehr da.

- *any*: vor allem in **verneinten Aussagesätzen** und in **Fragen**

Ich glaube, es ist jemand im Garten. Kannst du (irgend)jemanden sehen? – Nein, ich kann nichts sehen. Es ist zu dunkel.

Für die Zusammensetzungen mit ***some-*** und ***any-*** gelten dieselben Regeln:

- ***somebody*** (oder ***someone***), ***something***, ***somewhere***: vor allem in **bejahten Aussagesätzen**
- ***anybody*** (oder ***anyone***), ***anything***, ***anywhere***: vor allem in **verneinten Aussagesätzen** und in **Fragen**

Would you like something to eat? Some cheese and biscuits perhaps? – No, thank you. But could I have something to drink? Some juice or water, please?

! Beachte:

- In Fragen, die eigentlich ein **Angebot** oder eine **Bitte** sind, verwendet man ***some, something*** usw.

You can buy this drink at any supermarket.
And it's healthier than any other soft drink.
... in jedem (beliebigen) Supermarkt ... gesünder als irgendein anderer Softdrink / als alle anderen Softdrinks

When you get off the bus, you can ask anybody the way to the theatre.
... kannst du jeden (Beliebigen) nach dem Weg fragen / ... fragen, wen du willst
I'm so hungry I could eat anything.
... alles (egal was)

- ***any*** wird auch in bejahten Aussagesätzen verwendet und bedeutet dann „jeder (beliebige)", „irgendein".

Auch die Zusammensetzungen mit *any* können so verwendet werden – siehe die Beispiele links.

33.3 *every ... – each ...*

Every **song** / Each **song** will be played twice.

every ... bzw. ***each ...*** werden wie das deutsche „jede(r, s)" verwendet.

Every **child** likes ice cream.
Jedes Kind ... *(alle Kinder, Kinder im Allgemeinen)*
Each **child** got an ice cream.
Jedes (einzelne) Kind ... *(aus einer bestimmten Gruppe)*

every und ***each*** sind oft austauschbar, der Bedeutungsunterschied ist gering: Bei ***each*** denkt man nicht so sehr an die Gruppe als Ganzes, sondern an jedes einzelne Mitglied.

▸ *any („jeder beliebige"): 33.2*

34 Reflexive pronouns (Reflexivpronomen) 3:4

34.1 Forms (Formen)

Singular	-self [-'self]	
I've hurt	myself.	Ich habe **mir** wehgetan / **mich** verletzt.
You've hurt	yourself.	Du hast **dir** wehgetan / **dich** verletzt.
He's hurt	himself.	Er hat **sich** wehgetan / **sich** verletzt.
She's hurt	herself.	Sie hat **sich** wehgetan / **sich** verletzt.
It's hurt	itself.	Es hat **sich** wehgetan / **sich** verletzt.
Plural	-selves [-'selvz]	
We've hurt	ourselves.	Wir haben **uns** wehgetan / **uns** verletzt.
You've hurt	yourselves.	Ihr habt **euch** wehgetan / **euch** verletzt.
They've hurt	themselves.	Sie haben **sich** wehgetan / **sich** verletzt.

Bei den Reflexivpronomen liegt die **Betonung auf der zweiten Silbe**: ***myself*** [maɪ'self], ***ourselves*** [aʊə'selvz] usw.

34.2 Use (Gebrauch)

My mother cut herself with the bread knife.
Meine Mutter hat sich mit dem Brotmesser geschnitten.

Is **he** talking to himself or is he speaking on his mobile?
Redet **er** mit sich selbst …?

We're old enough to look after ourselves.
Wir sind alt genug, um auf uns (selbst) aufzupassen.

Reflexivpronomen beziehen sich zurück auf das Subjekt des Satzes – sie sind **rückbezüglich** (= reflexiv). Sie bezeichnen dieselbe Person oder Sache wie das Subjekt.

My brother hurt him.	… ihn verletzt	*(jn. anders)*
My brother hurt himself.	… sich verletzt	*(sich selbst)*

Verwechsle nicht Personal- und Reflexivpronomen.

K

Daniel felt very sad after his grandma had died.
Daniel fühlte sich sehr traurig, …

Do you remember the party at Emily's last summer?
Erinnerst du dich an die Party …

! Es gibt eine Reihe von Verben, die im Deutschen reflexiv sind, im Englischen jedoch nicht.

(to) **argue**	sich streiten	(to) **meet**	sich treffen
(to) **calm down**	sich beruhigen	(to) **move**	sich bewegen
(to) **change**	sich (ver)ändern; sich umziehen	(to) **relax**	sich entspannen; sich ausruhen
(to) **feel**	sich fühlen; sich anfühlen	(to) **remember** sth.	sich an etwas erinnern; sich etwas merken
(to) **get dessed**	sich anziehen		
(to) **hide**	sich verstecken	(to) **sit down**	sich (hin)setzen
(to) **hurry (up)**	sich beeilen	(to) **turn (around)**	sich umdrehen
(to) **imagine** sth.	sich etwas vorstellen	(to) **watch** sth.	sich etwas ansehen
(to) **listen to** sth.	sich etwas anhören	(to) **wonder**	sich fragen
(to) **look forward to**	sich freuen auf	(to) **worry**	sich Sorgen machen

34.3 Reflexive pronoun or *each other* (Reflexivpronomen oder *each other*)

They watched themselves on the video.
Sie sahen sich (selbst) auf dem Video an.

wir ... uns	selbst	→ ***ourselves***
ihr ... euch	selbst	→ ***yourselves***
sie ... sich	selbst	→ ***themselves***

They looked at each other and smiled.
Sie sahen sich (gegenseitig) an und lächelten. /
Sie sahen einander an und lächelten.

wir ... uns	gegenseitig	→ ***each other***
ihr ... euch	gegenseitig	→ ***each other***
sie ... sich	gegenseitig	→ ***each other***

Statt *each other* wird auch *one another* verwendet:
*They looked at **one another** and smiled.*

Wo brauchst du ein Reflexivpronomen? Wo brauchst du **kein** *Reflexivpronomen? Wo brauchst du* each other?

1 We're going to meet ... in the park after school.
2 He hurt ... and had to sit ... down for a moment.
3 We talked to ... on the phone yesterday.
4 Dan and Jo had an argument. They shouted at ... until their father came in.
5 Come on, we have to hurry ... or we'll be late. – Relax ...! We've got plenty of time!
6 I don't need your help. I can help ... .

The adjective (Das Adjektiv)

35 Use (Gebrauch)

Martin is happy. He got a new **camera** for his birthday. **It** looks expensive.
Martin ist glücklich. Er hat zum Geburtstag eine neue Kamera bekommen. Sie sieht teuer aus.

► *Adverb oder Adjektiv nach bestimmten Verben: 41*

Adjektive werden verwendet, um **Eigenschaften** oder **Merkmale** von Personen, Sachen, Begriffen usw. zu beschreiben. Adjektive stehen vor einen Nomen oder nach bestimmten Verben *(be, become, get, look, seem, smell, sound, ...)*.

36 Comparison (Steigerung)

	Komparativ (Comparative)	**Superlativ (Superlative)**
clean	cleaner	cleanest
big	bigger	biggest
happy	happier	happiest
useful	more **useful**	most **useful**
famous	more **famous**	most **famous**
expensive	more **expensive**	most **expensive**
difficult	more **difficult**	most **difficult**
good	better	best
bad	worse	worst
much/many	more	most
(a) little	less	least

- Steigerung mit ***-er/-est***:
  - **einsilbige** Adjektive
  - **zweisilbige** Adjektive, die auf ***-y*** enden
- Steigerung mit ***more/most***:
  - die meisten **zweisilbigen** Adjektive, die nicht auf ***-y*** enden
  - Adjektive mit **mehr als zwei Silben**
- **unregelmäßige** Steigerung:
  - ***good, bad***
  - ***much/many, (a) little***

Additional information

clever	clever**er**/**more** clever	clever**est**/**most** clever
simple	simpl**er**/**more** simple	simpl**est**/**most** simple

Where's the **nearest** bus stop. — nächstgelegen (räumlich)
I have to get off at the **next** stop. — nächstfolgend

Shakira's **latest** CD is better than her **last** one. — neueste, jüngste CD / letzte CD („die davor")

- Manche zweisilbigen Adjektive können mit *-er/-est* oder *more/most* gesteigert werden; Beispiele: *clever, simple, stupid*.
- *near* und *late* haben zwei Superlativ-Formen mit verschiedenen Bedeutungen.

(Im Zweifelsfall muss man die Steigerungsformen eines Adjektivs in einem guten Wörterbuch nachschlagen.)

37 The adjective in comparisons (Das Adjektiv in Vergleichen)

Lilly is as **tall** as Jacob.

Jacob is not as **tall** as Olivia.

Olivia is **tall**er than him.
! taller than me/him/...
(*not:* ... than ~~I/he/...~~)

Olivia is the **tall**est.

- ***as ... as*** **(„so ... wie")**
- ***not as ... as*** **(„nicht so ... wie")**
- **Komparativ** (1. Steigerungsform) **+ *than*:** ***taller than*** („größer **als**")
- ***the*** **+ Superlativ** (2. Steigerungsform)**:** ***the tallest*** („der/die größte, am größten")

The adverb (Das Adverb)

38 Forms (Formen)

always, often, sometimes, now, then, today, soon, still, here, there, up, down, maybe, very, quite, too, ...
badly, easily, happily, politely, quickly, quietly, terribly, usually, exactly, seriously, luckily, ...
fast, hard, high, late, long, early, daily, ...

Es gibt verschiedene Arten von Adverbien:

- Adverbien, die nicht von Adjektiven abgeleitet sind
- Adverbien, die **von Adjektiven abgeleitet** sind (durch Anhängen von ***-ly***)
- Adverbien, die **dieselbe Form wie Adjektive** haben

39 Use (Gebrauch)

1 Grandpa always **drives** carefully.
... fährt vorsichtig ...

2 Grandpa thinks driving at night is terribly **dangerous.**
... schrecklich gefährlich

My sister Emma always drives really **fast.**
... wirklich schnell

Emma nearly had an accident last week. Luckily, **she was able to stop the car in time.**
... Glücklicherweise konnte sie das Auto rechtzeitig zum Stehen bringen.

▶ *Stellung der verschiedenen Arten von Adverbien: 6*

(1) Das Adverb kann sich auf ein **Verb** beziehen. Es beschreibt, **wie** etwas geschieht oder **wie** etwas getan wird, und wird **Adverb der Art und Weise** *(adverb of manner)* genannt.

(2) Das Adverb kann sich auch
– auf ein **Adjektiv**
– auf ein **anderes Adverb**
– auf den **ganzen Satz** beziehen.

K Grandpa always drives carefully. ... fährt immer **vorsichtig**.
Grandpa is always very careful. ... ist immer sehr **vorsichtig**.

! Im Deutschen haben Adverbien der Art und Weise und Adjektive dieselbe Form. Im Englischen in der Regel nicht.

! Jessica is a **good** guitar player. She plays the guitar well.

Das Adverb zum Adjektiv ***good*** heißt ***well***.

40 Comparison (Steigerung)

fast	faster	fastest
early	earlier	earliest
carefully	more carefully	most carefully
quickly	more quickly	most quickly
often	more often	most often
well	better	best
badly	worse	worst
much	more	most
little	less	least

- Steigerung mit ***-er/-est***: **einsilbige** Adverbien und ***early***
- Steigerung mit ***more/most***:
  – Adverbien **auf *-ly*** (außer *early*)
  – andere **mehrsilbige** Adverbien
- **unregelmäßige** Steigerung:
  – ***well, badly***
  – ***much, little***

41 Adverb or adjective after certain verbs? (Adverb oder Adjektiv nach bestimmten Verben?)

1	She **shouted** angrily at me.	Sie schrie mich wütend an.
	The choir **sang** beautifully.	Der Chor sang wunderschön.
	He **looked round** nervously.	Er sah sich nervös um.
	We were all **talking** excitedly.	Wir redeten alle aufgeregt durcheinander.

(1) Die meisten Verben beschreiben Tätigkeiten: *shout, sing, look round, talk, …* Wenn man sagen will, **wie (auf welche Art und Weise)** die Tätigkeit ausgeführt wird, benutzt man **Adverbien der Art und Weise**: ***shout angrily, sing beautifully, …***

2	She **felt** angry.	Sie fühlte sich wütend.
	The song **sounded** beautiful.	Das Lied klang wunderschön.
	He **looked** nervous.	Er sah nervös aus.
	They **seemed** excited.	Sie schienen aufgeregt zu sein.

(2) Manche Verben beschreiben **Zustände** oder **Eigenschaften** (wie jemand oder etwas ist). Nach solchen Verben stehen **Adjektive:** ***feel angry, sound beautiful, …***

(to) **be**	sein	(to) **feel**	sich (an)fühlen
(to) **become**	werden	(to) **look**	aussehen
(to) **get**	werden	(to) **smell**	riechen; stinken
(to) **seem**	(zu sein) scheinen	(to) **sound**	klingen
(to) **stay**	bleiben	(to) **taste**	schmecken

Dies sind die wichtigsten Verben, nach denen **Adjektive** stehen.

1	They **looked** nervously into the box.	schauen, sehen
	He **smelled** the flowers happily.	an etwas riechen
	The cook **tasted** the soup carefully.	probieren, kosten
2	They **looked** scared.	aussehen
	The flowers **smelled** wonderful.	riechen; stinken
	The soup **tasted** delicious.	schmecken

! Beachte:
Nach den Verben ***look, smell*** und ***taste*** kann – je nach Bedeutung – ein Adverb oder ein Adjektiv stehen:

(1) Ein **Adverb** steht, wenn eine **Tätigkeit** beschrieben wird.

(2) Ein **Adjektiv** steht, wenn ein **Zustand** oder eine **Eigenschaft** beschrieben wird.

They thought they sang beautifully, but it sounded just awful.

Can you…?

Adverb oder Adjektiv? Vervollständige die Sätze mit der richtigen Form der Wörter in den Klammern.

1 (careful / happy) I picked up the little boy … . He smiled at me … .
2 (tired / good) You look … . Didn't you sleep …?
3 (difficult / easy) The exercise seemed … at first, but we were able do it … in the end.
4 (awful / horrible) I think dog food smells … . It's …!

Prepositions (Präpositionen)

42 **Use (Gebrauch)**

Präpositionen des Ortes und der Richtung

Präpositionen können aus einem Wort bestehen *(in, at, over)* oder aus mehreren Wörtern *(out of, in front of, next to)*.

Sie drücken Beziehungen zwischen Dingen, Personen oder Ereignissen aus.

- **at, behind, between, in, in front of, next to, under, ... into, on, out of, through, towards, under, up, ...**
- **after, at, before, between, for, in, on, past, since, till, ...**
- **about, for, from, in, of, on, like, with, without, ...**

Präpositionen lassen sich einteilen in

- Präpositionen des **Ortes** und der **Richtung**
- Präpositionen der **Zeit**
- **sonstige** Präpositionen.

Ort	in **Spain**; in **the photo**	in Spanien; auf dem Foto
Zeit	in **April**; in **the evening**	im April; am Abend
sonstig	in **English**	auf Englisch

Präpositionen können verschiedene Verhältnisse kennzeichnen – und dabei verschiedene Entsprechungen haben.

Have you **talked** to Sarah about the party yet?
Are you **interested** in art?
What's the **difference** between these CD players?

Präpositionen können mit anderen Wörtern (Verben, Adjektiven, Nomen) fest verbunden sein.

Who were you **talking** to? — Mit wem ...?
What were you **talking** about? — Worüber/Über was ...?

They wanted to know what we were **talking** about.
..., worüber/über was wir geredet haben.

I know the woman that you were **talking** to.
... die Frau, mit der du geredet hast.

Grandpa needs someone to **talk** to.
... jemanden, mit dem er reden kann.

Their decision was **talked** about for weeks.
Über ihre Entscheidung wurde wochenlang geredet.

! Beachte die **Endstellung der Präposition** in den Beispielen links.

Conditional sentences (Bedingungssätze)

43 Overview (Übersicht)

3: 2

Nebensatz mit *if (if-clause)*	**Hauptsatz *(Main clause)***
If it stays dry, Wenn es trocken bleibt,	we'll play football in the park. spielen wir Fußball im Park / werden wir Fußball ... spielen.
Bedingung: *„Wenn ...,“*	**Folge: *„dann ...“***

Bedingungssätze („Wenn ..., dann ...“-Sätze) bestehen aus einem **Nebensatz mit *if*** („wenn“, „falls“) und einem **Hauptsatz**. Im Nebensatz steht eine Bedingung. Im Hauptsatz steht, was geschieht, wenn diese Bedingung erfüllt ist.

Type 1 – about the present or the future

After the first half of the race ...

If Allen overtakes Mark, he will win the race.
Wenn Allen Mark überholt, gewinnt er das Rennen / wird er ... gewinnen.

- **Bedingungssatz, Typ 1**
  „Was ist, wenn ...“
  (erfüllbare Bedingung)
  Die Mädchen halten es für gut möglich, dass Allen es schafft, Mark zu überholen. Die Hälfte des Rennens liegt ja noch vor den beiden.

► *Typ 1: 44*

Type 2 – about the present or the future

The race is almost over ...

If Allen overtook Mark now, he would win.
Wenn Allen Mark jetzt überholen würde, würde er gewinnen.

- **Bedingungssatz, Typ 2**
  „Was wäre, wenn ...“
  (kaum oder wahrscheinlich nicht erfüllbare Bedingung)
  Die Mädchen halten es für unwahrscheinlich, dass Allen Mark noch überholt. Das Rennen ist ja so gut wie vorbei.

► *Typ 2: 45*

Additional information

Type 3 – about the past

The race is over – Mark has won ...

If he had overtaken Mark, Allen would have won.
Wenn er Mark überholt hätte, hätte Allen gewonnen.

- **Bedingungssatz, Typ 3**
  „Was wäre gewesen, wenn ...“ (nicht mehr erfüllbare Bedingung)
  Das Rennen ist vorbei, Mark hat gewonnen. Die Mädchen reden nur darüber, was gewesen wäre, wenn ...

44 Conditional sentences, type 1 (Bedingungssätze, Typ 1)

3: 2

if-clause	Main clause
If Jamie leaves now,	he'll be home by ten o'clock.
If the rain doesn't stop,	we can't have a picnic.
If Grandma phones,	tell her I might be late.
simple present	▪ ***will*-future** ▪ **modal *(can/might/...)* + infinitive** ▪ **imperative**

▸ *Andere Verbformen im if-Satz: 46*

Bedingungssätze vom Typ 1 beziehen sich auf die **Gegenwart** oder die **Zukunft**.

Der Sprecher nimmt an, dass die im *if*-Satz genannte Bedingung erfüllt werden kann: Es ist möglich oder wahrscheinlich, dass Jamie jetzt aufbricht, dass es weiterregnet, dass Oma anruft.

Der *if*-Satz steht meist im *simple present*. Im Hauptsatz stehen meist das *will*-future, ein Modalverb + Infinitiv oder ein Imperativ.

If you add blue to yellow, you get green.
Wenn (Immer wenn) man blau zu gelb hinzugibt, erhält man grün.

In allgemein gültigen Aussagen („wenn etwas immer so ist“) steht auch im Hauptsatz das *simple present*.

45 Conditional sentences, type 2 (Bedingungssätze, Typ 2)

3: 2

if-clause	Main clause
If I had more money,	I'd buy (= I would buy) a car.
If Amy was older,	she could stay out later.
If you kept quiet,	you might hear what I'm saying.
simple past	***would/could/might* + infinitive**

Bedingungssatz 2 („Was wäre, wenn ...?“): Im *if*-Satz *simple past* (! nicht ~~would~~).

▸ *Andere Verbformen im if-Satz: 46*

Mit **Bedingungssätzen vom Typ 2** spekuliert der Sprecher darüber, was unter bestimmten Bedingungen geschehen würde oder geschehen könnte.

Die genannte Bedingung kann nicht erfüllt werden (Amy ist nun mal nicht älter), oder es erscheint unwahrscheinlich, dass die Bedingung erfüllt wird.

Der *if*-Satz steht in der Regel im *simple past*. Im Hauptsatz stehen *would/could/might* + Infinitiv.

K **If** I **found** $100, ... (*not:* If I ~~would find~~ ...)
Wenn ich 100 Dollar fände / finden würde ...

! Im deutschen „wenn“-Satz verwenden wir oft „würde“, aber im englischen *if*-Satz steht das *simple past*.

If I were you, I wouldn't wait for them.
Wenn ich du wäre, würde ich ... / An deiner Stelle würde ich ...

Ratschläge werden im Englischen oft mit ***If I were you ...*** eingeleitet.

Was stimmt, **A** *oder* **B**?

		A	B
1	If it wasn't raining, we could go out.	**A** es regnet	**B** es regnet nicht
2	If he's late again, he'll be in trouble.	**A** er verspätet sich	**B** er verspätet sich vielleicht
3	Please close the windows if it rains.	**A** es regnet	**B** es könnte regnen
4	If Sue calls, tell her I'll be late.	**A** Sue ruft nicht an	**B** Sue ruft vielleicht an
5	If the lights were on, we'd know he's in.	**A** das Licht ist aus	**B** das Licht ist an
6	He'd be so happy if he had a dog.	**A** er hat keinen Hund	**B** er hat vielleicht einen Hund

46 Other verb forms in the *if*-clause (Andere Verbformen im *if*-Satz)

If I can help you, I will. — Wenn ich dir helfen kann, ...

If I could help you, I would. — Wenn ich dir helfen könnte, ...

Sorry. If you're having lunch now, I'll call back later.
Wenn Sie gerade zu Mittag essen, ...

If Ella has missed the bus, we'll have to start without her.
Wenn Ella den Bus verpasst hat, ...

If they were working now, the lights would be on.
Wenn sie jetzt arbeiteten/arbeiten würden, ...

Je nach Situation können auch andere Verbformen im *if*-Satz vorkommen.

Relative clauses (Relativsätze)

47 Use (Gebrauch) 3:3

I'm looking for a **shop** that sells funny postcards.
Ich suche ein Geschäft, das lustige Postkarten verkauft.

Who's that over there?
– That's the **boy** who I met in Bristol last month.
... der Junge, den ich letzten Monat in Bristol kennengelernt habe.

Relativsätze beziehen sich auf ein **Nomen**. Sie **bestimmen dieses Nomen** genauer: Erst durch den Relativsatz wissen wir, wer oder was genau gemeint ist.

K

S V O
The woman who helped us ...

Die Frau, die uns geholfen hat, ...

! In Relativsätzen steht kein Komma, und wie in allen englischen Nebensätzen gilt auch in Relativsätzen die Wortstellung **S – V – O**.

▸ *Wortstellung in Nebensätzen: 4*

48 The relative pronouns (Die Relativpronomen) 3:3

48.1 *who, that, which*

Do you know the **boys** who/that stole your bike?
Kennst du die Jungen, die dein Rad gestohlen haben?

Do you know a **café** that/which is open at night?
Kennen Sie ein Café, das nachts geöffnet hat?

- Für **Personen** wird ***who***, manchmal auch ***that*** verwendet:
  the man/woman/people ***who/that*** ...
- Für **Dinge (und Tiere)** wird ***that*** oder ***which*** verwendet:
  the house/bag/animals ***that/which*** ...

Additional information

48.2 *whose ...*

Are those the **girls** whose parents are from Trinidad?
... die Mädchen, deren Eltern ...

This is a **school** whose students always get good results.
... eine Schule, deren Schüler und Schülerinnen ...

- Das Relativpronomen ***whose*** („dessen", „deren") bezieht sich meist auf Personen, wird aber auch für Dinge und Tiere benutzt.

Wandle die Aussagen in Klammern in einen Relativsatz um und bilde Sätze wie im Beispiel. Achte auf das richtige Relativpronomen.

1 The **woman** is still unconscious. (she was taken to hospital last night)
The woman ... was taken ... is still unconscious.
2 The **boy** is really nice. (he has moved into the ground-floor flat)
The boy ... has moved ... is really nice.
3 The new **TV series** is really boring. (it started last month) *The new TV series ... is really boring.*
4 The **computer games** are great. (I got them from Mike) *The computer games ... are great.*
5 All the **food** is in the fridge. (we bought it for the party) *All the food ...*

49 Contact clauses (Relativsätze ohne Relativpronomen)

3:3

			Subject	Verb
1	I like boys Ich mag Jungen,		**who** die	make me laugh. mich zum Lachen bringen.
		Object	**Subject**	Verb
2	Paul is a boy Paul ist ein Junge,	who den	I **ich**	like a lot. sehr gern mag.

Das Relativpronomen kann **Subjekt** oder **Objekt** sein:

(1) Hier ist das Relativpronomen **Subjekt** des Relativsatzes.
Es steht direkt vor dem Verb.

(2) Hier ist das Relativpronomen Objekt des Relativsatzes.

Paul is a boy [ ] I like a lot.
Paul ist ein Junge, den **ich** sehr gern mag.
Cornwall is one of most beautiful regions [ ] I know.
Cornwall ist eine der schönsten Regionen, die ich kenne.

Wenn das Relativpronomen Objekt des Relativsatzes ist, wird es meist **weggelassen**. Das ist im Deutschen nicht möglich.

Relativsätze ohne Relativpronomen nennt man ***contact clauses***.

Is that the train **which** goes to Cornwall?
(*not:* Is that ~~the train goes to Cornwall~~?)

! **Vorsicht!** Wenn das **Relativpronomen direkt vor dem Verb** steht, ist es Subjekt – dann darf es **nicht wegfallen**!

K

Who's the girl Paul is talking to?
Wer ist das Mädchen, mit dem Paul redet?
What's the name of the family you stayed with?
Wie heißt die Familie, bei der ihr gewohnt habt?
The concert I told you about is sold out.
Das Konzert, von dem ich dir erzählt habe, ist ausverkauft.

! Beachte die Stellung der Präposition in Relativsätzen mit Verben wie *talk to, stay with, look at, tell sb. about.*

In welchen Sätzen kann das Relativpronomen wegfallen? Schreibe die Sätze als contact clauses *in dein Heft.*

1 Have you kept in touch with the girl **that** you met in Spain?
2 Mum, the woman **who** phoned yesterday has just called again.
3 I've found the CD **that** you've been looking for.
4 Where's that book **that** John sent from England?
5 The boy **who** won the 100 metres is only 15 years old.

Indirect speech (Indirekte Rede)

50 Direct and indirect speech (Direkte und indirekte Rede)

4: 4

Man kann direkt oder indirekt wiedergeben, was jemand sagt (oder gesagt hat).

Direct speech Asif says, 'I can't lend you my bike, Robert.'
Asif sagt: „Ich kann dir mein Rad nicht leihen, Robert."

- In der **direkten Rede** gibt man **wörtlich** wieder, was jemand sagt, schreibt oder denkt. Direkte Rede steht in der Regel in Anführungszeichen.

Indirect speech Asif says (that) he can't lend Robert his bike.
Asif sagt, dass er Robert sein Rad nicht leihen kann.

- In der **indirekten Rede** *(indirect speech* oder *reported speech)* berichtet man, was jemand sagt, schreibt oder denkt.
  Die indirekte Rede wird mit Verben wie *say, tell sb., add, answer, explain, think, write* eingeleitet.

! Im Englischen steht vor der indirekten Rede **kein Komma**.
Die Konjunktion *that* („dass") wird oft weggelassen, besonders nach *say, tell, think*.

Direct speech	*Asif*	'I can't lend you my bike, Robert.'
Indirect speech		
1 *(Robert reports)*		Asif says he can't lend me his bike.
2 *(his dad reports)*		Asif says he can't lend Robert his bike.

Wie im Deutschen werden in der indirekten Rede die Pronomen und Possessivbegleiter angepasst – je nachdem, wer wem berichtet.

51 Indirect speech: reporting verb in the *simple present* (Indirekte Rede: einleitendes Verb im *simple present*)

Direct speech *Ella* 'We usually get up at 7.15.'
Indirect speech She says they usually get up at 7.15.

Direct speech *Aidan* 'I'm really enjoying our trip.'
Indirect speech We got a postcard from Aidan today. He says that he's enjoying his trip.

Wenn das einleitende Verb im ***simple present*** steht *(she says)*, bleibt die Zeitform der direkten Rede unverändert.

52 Indirect speech: reporting verb in the *simple past* (Indirekte Rede: einleitendes Verb im *simple past*)

Direct speech *Jody* 'My name is Jody.'
Indirect speech She said her name was Jody.
Sie sagte, ihr Name sei/ist Jody.

Direct speech *Noah* 'I haven't seen *Batman* yet.'
Indirect speech Noah told me last week that he hadn't seen *Batman* yet.

Wenn das einleitende Verb im ***simple past*** steht *(she said, he told me)*, werden in der indirekten Rede meist andere Zeitformen verwendet als in der direkten Rede:
Die Zeitformen der direkten Rede werden **um eine Zeitstufe in die Vergangenheit „zurückverschoben"** *(backshift of tenses)*.

► *Backshift of tenses (Übersicht): siehe S. 57*

Veränderungen der Zeitform bei einleitendem Verb im *simple past (backshift of tenses)*

		Direct speech	Indirect speech
present	▸ past	'Philip is German.' 'We play cards on Fridays.' 'I'm waiting for my dad.'	She said that Philip was German. They told us they played cards on Fridays. She said she was waiting for her dad.
past	▸ past perfect	'It was a great trip.' 'I met my wife at a dance.'	They agreed it had been a great trip. He told me he had met his wife at a dance.
present perfect	▸ past perfect	'I haven't been to Bath yet.' 'Olivia has found a job.'	I explained that I hadn't been to Bath yet. He said that Olivia had found a job.
will-future	▸ *would* + infinitive	'I'll phone him.'	She promised she'd phone him.
going to-future	▸ *was/were going to* + infinitive	'I'm going to work harder.'	I said I was going to work harder.

Indirekte Rede mit einleitendem Verb im *simple past*

Die Zeitform der direkten Rede wird um eine Stufe in die Vergangenheit zurückverschoben:

Present forms ▸ Past forms
Past forms ▸ Past perfect forms

Direct speech	*Sophie* 'The bus had already left.'
Indirect speech	Sophie said the bus had already left.
Direct speech	*Oliver* 'I met my wife at a dance.'
Indirect speech	Oliver said he met his wife at a dance.
Direct speech	*Grace* 'Cardiff is in Wales.'
Indirect speech	She said Cardiff is / was in Wales.
Direct speech	*Luke* 'Andrew has a cold.'
Indirect speech	He said Andrew has / had a cold.

! Beachte:

- Verben im *past perfect* bleiben unverändert, da man sie nicht noch weiter „zurückverschieben" kann.
- Verben im *simple past* werden in der Umgangssprache oft nicht ins *past perfect* verändert.

Die Zeitform der direkten Rede kann auch dann unverändert bleiben,

- wenn die Aussage allgemein gültig ist
- wenn die Aussage zum Zeitpunkt des Berichtens immer noch zutrifft (*hier:* Andrew ist immer noch erkältet).

Berichte, was sie gesagt haben. Schreib die Aussagen in indirekter Rede in dein Heft.

(1) *Colin* 'Chris Martin from *Coldplay* is my favourite singer.'
(2) *Julie* '*Coldplay* are giving a free open-air concert in June.'
(3) *Emily* 'I've never been to an open-air concert.'
(4) *Mark* 'I don't like open-air concerts.'
(5) *Colin* 'I think they're great fun.'

(1) *Colin told me that Chris Martin ...* (2) *Julie said ...*

Short forms (Kurzformen)

53 **Overview (Übersicht)**

Beim Sprechen und in persönlichen Briefen werden meist **Kurzformen** verwendet.

be

I'm	I am	here's	here is
you're	you are	there's	there is
he's	he is	what's	what is
she's	she is	when's	when is
it's	it is	where's	where is
we're	we are	who's	who is
you're	you are	how's	how is
they're	they are	that's	that is

have

I've	I have	I'd	I had
you've	you have	you'd	you had
he's	he has	he'd	he had
she's	she has	she'd	she had
it's	it has	it'd	it had
we've	we have	we'd	we had
you've	you have	you'd	you had
they've	they have	they'd	they had

will / would

I'll	I will	I'd	I would
you'll	you will	you'd	you would
he'll	he will	he'd	he would
she'll	she will	she'd	she would
it'll	it will	it'd	it would
we'll	we will	we'd	we would
you'll	you will	you'd	you would
they'll	they will	they'd	they would

Hilfsverb + not

isn't	is not	hasn't	has not	don't	do not	can't	cannot
aren't	are not	haven't	have not	doesn't	does not	couldn't	could not
						mightn't	might not
wasn't	was not	hadn't	had not	didn't	did not	mustn't	must not
weren't	were not					needn't	need not
						shouldn't	should not
						won't	will not
						wouldn't	would not

Irregular verbs (Unregelmäßige Verben)

54 Overview (Übersicht)

Infinitive	Simple past form	Past participle	
(to) **be**	**was/were**	**been**	sein
(to) **beat**	**beat**	**beaten**	schlagen; besiegen
(to) **become**	**became**	**become**	werden
(to) **begin**	**began**	**begun**	beginnen, anfangen (mit)
(to) **bet**	**bet**	**bet**	wetten
(to) **blow**	**blew**	**blown**	wehen, blasen
(to) **break** [eɪ]	**broke**	**broken**	(zer)brechen; kaputt machen; kaputt gehen
(to) **bring**	**brought**	**brought**	(mit-, her)bringen
(to) **build**	**built**	**built**	bauen
(to) **buy**	**bought**	**bought**	kaufen
(to) **catch**	**caught**	**caught**	fangen; erwischen
(to) **choose** [uː]	**chose** [əʊ]	**chosen** [əʊ]	(aus)wählen; (sich) aussuchen
(to) **come**	**came**	**come**	kommen
(to) **cost**	**cost**	**cost**	kosten
(to) **cut**	**cut**	**cut**	schneiden
(to) **do**	**did**	**done** [ʌ]	tun, machen
(to) **draw**	**drew**	**drawn**	zeichnen; ziehen
(to) **drink**	**drank**	**drunk**	trinken
(to) **drive** [aɪ]	**drove**	**driven** [ɪ]	*(ein Auto)* fahren
(to) **eat**	**ate** [et, eɪt]	**eaten**	essen
(to) **fall**	**fell**	**fallen**	(hin)fallen, stürzen
(to) **feed**	**fed**	**fed**	füttern
(to) **feel**	**felt**	**felt**	(sich) fühlen; sich anfühlen
(to) **fight**	**fought**	**fought**	kämpfen
(to) **find**	**found**	**found**	finden
(to) **fly**	**flew**	**flown**	fliegen
(to) **forget**	**forgot**	**forgotten**	vergessen
(to) **forgive**	**forgave**	**forgiven**	vergeben, verzeihen
(to) **get**	**got**	**got**	bekommen; holen; werden; (hin)kommen
(to) **give**	**gave**	**given**	geben
(to) **go**	**went**	**gone** [ɒ]	gehen, fahren
(to) **grow**	**grew**	**grown**	wachsen; anbauen, anpflanzen
(to) **hang out** *(infml)*	**hung out**	**hung out**	rumhängen, abhängen *(mit Freunden)*
(to) **have (have got)**	**had**	**had**	haben, besitzen
(to) **hear** [ɪə]	**heard** [ɜː]	**heard** [ɜː]	hören
(to) **hide** [aɪ]	**hid** [ɪ]	**hidden** [ɪ]	(sich) verstecken
(to) **hit**	**hit**	**hit**	schlagen
(to) **hold**	**held**	**held**	halten
(to) **hurt**	**hurt**	**hurt**	wehtun; verletzen
(to) **keep**	**kept**	**kept**	(be)halten
(to) **know** [nəʊ]	**knew** [njuː]	**known** [nəʊn]	wissen; kennen
(to) **lay** the table	**laid**	**laid**	den Tisch decken
(to) **leave**	**left**	**left**	(weg)gehen; abfahren; verlassen; zurücklassen
(to) **let**	**let**	**let**	lassen
(to) **light**	**lit**	**lit**	anzünden

Infinitive	Simple past form	Past participle	
(to) **lose** [uː]	**lost** [ɒ]	**lost** [ɒ]	verlieren
(to) **make**	**made**	**made**	machen; bauen; bilden
(to) **mean** [iː]	**meant** [e]	**meant** [e]	bedeuten; meinen
(to) **meet**	**met**	**met**	(sich) treffen
(to) **pay**	**paid**	**paid**	bezahlen
(to) **put**	**put**	**put**	legen, stellen, *(wohin)* tun
(to) **read** [iː]	**read** [e]	**read** [e]	lesen
(to) **ride** [aɪ]	**rode**	**ridden** [ɪ]	reiten; *(Rad)* fahren
(to) **ring**	**rang**	**rung**	klingeln, läuten
(to) **rise** [aɪ]	**rose**	**risen** [ɪ]	(auf)steigen
(to) **run**	**ran**	**run**	rennen, laufen; verlaufen *(Straße, Grenze)*
(to) **say** [eɪ]	**said** [e]	**said** [e]	sagen
(to) **see**	**saw**	**seen**	sehen; besuchen, aufsuchen
(to) **sell**	**sold**	**sold**	verkaufen
(to) **send**	**sent**	**sent**	schicken, senden
(to) **set** a trap	**set**	**set**	eine Falle stellen
(to) **sew** [əʊ]	**sewed** [əʊ]	**sewn** [əʊ]	nähen
(to) **shake**	**shook**	**shaken**	schütteln; zittern
(to) **shine**	**shone** [ɒ]	**shone** [ɒ]	scheinen *(Sonne)*
(to) **show**	**showed**	**shown**	zeigen
(to) **shut** up	**shut**	**shut**	den Mund halten
(to) **sing**	**sang**	**sung**	singen
(to) **sit**	**sat**	**sat**	sitzen; sich setzen
(to) **sleep**	**slept**	**slept**	schlafen
(to) **speak**	**spoke**	**spoken**	sprechen
(to) **spend**	**spent**	**spent**	*(Zeit)* verbringen; *(Geld)* ausgeben
(to) **spit**	**spat**	**spat**	spucken
(to) **stand**	**stood**	**stood**	stehen; sich (hin)stellen
(to) **steal**	**stole**	**stolen**	stehlen
(to) **stick** on/out	**stuck**	**stuck**	herausragen, herausstehen
(to) **swim**	**swam**	**swum**	schwimmen
(to) **take**	**took**	**taken**	nehmen; (weg-, hin)bringen; dauern, *(Zeit)* brauchen
(to) **teach**	**taught**	**taught**	unterrichten, lehren
(to) **tear off** [eə]	**tore off** [ɔː]	**torn off** [ɔː]	abreißen
(to) **tell**	**told**	**told**	erzählen, berichten
(to) **think**	**thought**	**thought**	denken, glauben, meinen
(to) **throw**	**threw**	**thrown**	werfen
(to) **understand**	**understood**	**understood**	verstehen
(to) **upset**	**upset**	**upset**	ärgern, kränken, aus der Fassung bringen
(to) **wake** up	**woke**	**woken**	aufwachen; wecken
(to) **wear** [eə]	**wore** [ɔː]	**worn** [ɔː]	tragen *(Kleidung)*
(to) **win**	**won** [ʌ]	**won** [ʌ]	gewinnen
(to) **write**	**wrote**	**written**	schreiben

Grammatical terms (Grammatische Begriffe)

active ['æktɪv]	Aktiv	*Toni **scored** the final goal.*
adjective ['ædʒɪktɪv]	Adjektiv, Eigenschaftswort	*good, big, red, expensive*
adverb ['ædvɜːb]	Adverb, Umstandswort	
adverb of frequency ['friːkwənsi]	Adverb der Häufigkeit, Häufigkeitsadverb	*always, often, never*
adverb of indefinite time [ɪn'defɪnət]	Adverb der unbestimmten Zeit	*already, ever, just, never*
adverb of manner ['mænə]	Adverb der Art und Weise	*badly, happily, well*
adverbial [æd'vɜːbiəl]	Adverbial(bestimmung)	*in Bristol; at ten o'clock*
article ['ɑːtɪkl]	Artikel, Geschlechtswort	*the, a/an*
auxiliary (verb) [ɔːg'zɪliəri]	Hilfsverb	*be, do, have; will, can, must*
backshift of tenses ['bækʃɪft]	Rückverschiebung der Zeitform *(indirekte Rede)*	*He said his name **was** Paul.*
comparison [kəm'pærɪsn]	Steigerung; Vergleich	*old – older – oldest; as old as ... / older than ...*
conditional sentence [kən'dɪʃənl]	Bedingungssatz	*If I knew it, I'd tell you.*
conjunction [kən'dʒʌŋkʃn]	Konjunktion, Bindewort	*and, or, ...; because, if, ...*
contact clause ['kɒntækt klɔːz]	Relativsatz ohne Relativpronomen	*You're the boy **I love**.*
countable noun ['kaʊntəbl]	zählbares Nomen	*tree(s), idea(s), child(ren)*
definite article [ˌdefɪnət‿'ɑːtɪkl]	bestimmter Artikel	***the** [ðə] bag; **the** [ðɪ] apple*
demonstrative determiner [dɪˌmɒnstrətɪv dɪ'tɜːmɪnə]	Demonstrativbegleiter, hinweisender Begleiter	*this, that, these, those*
demonstrative pronoun [dɪˌmɒnstrətɪv 'prəʊnaʊn]	Demonstrativpronomen, hinweisendes Fürwort	*this, that, these, those*
determiner [dɪ'tɜːmɪnə]	Begleiter	
direct speech [ˌdaɪrekt 'spiːtʃ]	direkte Rede, wörtliche Rede	*'My name is Paul.'*
full verb	Vollverb *(Wortart)*	*go, dance, see, work*
future ['fjuːtʃə]	Zukunft, Futur	
gerund ['dʒerənd]	Gerundium	***Surfing** is fun.*
***going to*-future**	Futur mit *going to*	*We**'re going to play** cards.*
***if*-clause**	Nebensatz mit *if*, *if*-Satz	***If I knew it**, I'd tell you.*
imperative [ɪm'perətɪv]	Imperativ (Befehlsform)	*Listen. Be quiet. Don't talk.*
indefinite article [ɪnˌdefɪnət‿'ɑːtɪkl]	unbestimmter Artikel	***a** bag; **an** apple*
indirect speech ['ɪndərekt, 'ɪndaɪrekt]	indirekte Rede	*He said his name was Paul.*
infinitive [ɪn'fɪnətɪv]	Infinitiv (Grundform des Verbs)	*(to) close, (to) see, (to) sit*
irregular verb [ɪˌregjələ 'vɜːb]	unregelmäßiges Verb	*(to) go – went – gone*
main clause [meɪn]	Hauptsatz	*If I knew it, **I'd tell you**.*
main verb	Hauptverb, Vollverb *(Teil des Prädikats)*	*I can **sing**. / We didn't **play**.*
modal (auxiliary) [ˌməʊdl‿ɔːg'zɪliəri]	modales Hilfsverb, Modalverb	*can, could, must, may, will*
negative statement [ˌnegətɪv 'steɪtmənt]	verneinter Aussagesatz	*I don't like bananas.*
noun [naʊn]	Nomen, Substantiv	*Dan, boy, sister, time*
object ['ɒbdʒɪkt]	Objekt	*Jo is writing **a letter**.*
object form	Objektform (der Personalpronomen)	*me, you, him, her, it, us, ...*
object question	Objektfrage, Frage nach dem Objekt	*Who did you talk to?*
***of*-phrase** ['ɒv freɪz]	*of*-Fügung	*the name **of the street***
part of speech [ˌpɑːt‿əv 'spiːtʃ] **(= word class)**	Wortart	
participle ['pɑːtɪsɪpl]	Partizip	*going, taking; gone, taken*
passive ['pæsɪv]	Passiv	*The final goal **was scored** by Toni.*
past ['pɑːst]	Vergangenheit	

past participle [ˌpɑːst ˈpɑːtɪsɪpl]	Partizip Perfekt	*gone, taken, watched*
past perfect [ˌpɑːst ˈpɜːfɪkt]	Plusquamperfekt, Vorvergangenheit	*He was late because he **had missed** the bus.*
past perfect progressive [ˌpɑːst ˌpɜːfɪkt prəˈgresɪv]	Verlaufsform des *past perfect*	*She **had been working** in the garden since 9 o'clock.*
past progressive [ˌpɑːst prəˈgresɪv]	Verlaufsform der Vergangenheit	*At 1.30 I **was having** lunch.*
personal pronoun [ˌpɜːsənl ˈprəʊnaʊn]	Personalpronomen (persönliches Fürwort)	*I, you, he, she, it, we, ...; me, you, him, her, it, us, ...*
plural [ˈplʊərəl]	Plural, Mehrzahl	
positive statement [ˌpɒzətɪv ˈsteɪtmənt]	bejahter Aussagesatz	*I like oranges.*
possessive determiner [pəˌzesɪv dɪˈtɜːmɪnə]	Possessivbegleiter (besitzanzeigender Begleiter)	*my, your, his, her, its, our, your, their*
possessive form [pəˌzesɪv ˈfɔːm]	*s*-Genitiv	*Jo's brother; my friend's car*
possessive pronoun [pəˌzesɪv ˈprəʊnaʊn]	Possessivpronomen (besitzanzeigendes Pronomen)	*mine, yours, his, hers, ours, yours, theirs*
preposition [ˌprepəˈzɪʃn]	Präposition	*after, at, in, next to, over*
present [ˈpreznt]	Gegenwart	
present participle [ˌpreznt ˈpɑːtɪsɪpl]	Partizip Präsens	*going, taking, watching*
present perfect [ˌpreznt ˈpɜːfɪkt]	*present perfect*	***I've made** a cake for you.*
present perfect progressive [ˌpreznt ˌpɜːfɪkt prəˈgresɪv]	Verlaufsform des *present perfect*	*We**'ve been waiting** for over an hour.*
present progressive [ˌpreznt prəˈgresɪv]	Verlaufsform der Gegenwart	*Jack **is having** lunch.*
pronoun [ˈprəʊnaʊn]	Pronomen, Fürwort	
quantifier [ˈkwɒntɪfaɪə]	Mengenangabe	*much/many, some/any, ...*
question [ˈkwestʃən]	Frage(satz)	
question tag [ˈkwestʃən tæg]	Frageanhängsel	*The song is great, **isn't it?***
question word	Fragewort	*who, what, why, how*
reflexive pronoun [rɪˌfleksɪv ˈprəʊnaʊn]	Reflexivpronomen	*myself, herself, ourselves, ...*
regular verb [ˌregjələ ˈvɜːb]	regelmäßiges Verb	*(to) help – helped – helped*
relative clause [ˌrelətɪv ˈklɔːz]	Relativsatz	*The boy **who lives here** ...*
relative pronoun [ˌrelətɪv ˈprəʊnaʊn]	Relativpronomen	*who, which, that, whose*
reported speech [rɪˌpɔːtɪd ˈspiːtʃ]	indirekte Rede	*He said his name was Paul.*
***s*-genitive** [ˈes ˌdʒenətɪv]	*s*-Genitiv	*Jo's brother; my friend's car*
short answer [ˌʃɔːt‿ˈɑːnsə]	Kurzantwort	*Yes, I am. / No, he doesn't.*
simple past [ˌsɪmpl ˈpɑːst]	einfache Form der Vergangenheit	*Yesterday Dan **helped** Jo.*
simple present [ˌsɪmpl ˈpreznt]	einfache Form der Gegenwart	*I often **go** to school by bus.*
singular [ˈsɪŋgjələ]	Singular, Einzahl	
statement [ˈsteɪtmənt]	Aussage(satz)	*I like pop. / I don't like jazz.*
subject [ˈsʌbdʒɪkt]	Subjekt	***Jo** is writing a letter.*
subject form	Subjektform (der Personalpronomen)	*I, you, he, she, it, we, they*
subject question	Subjektfrage, Frage nach dem Subjekt	*Who likes bananas?*
subordinate clause [səˌbɔːdɪnət ˈklɔːz]	Nebensatz	***If I see Jack**, I'll tell him.*
uncountable noun [ʌnˈkaʊntəbl]	nicht zählbares Nomen	*bread, tea, money, time*
verb [vɜːb]	Verb	► full verb, main verb
verb [vɜːb] **(= verb phrase)**	Prädikat	*Reading **can be** fun.*
***will*-future** [ˈwɪl fjuːtʃə]	Futur mit *will*	*My sister **will be** 16 soon.*
word class [ˈwɜːd klɑːs] **(= part of speech)**	Wortart	
word order [ˈwɜːd‿ɔːdə]	Wortstellung	
yes/no question	Entscheidungsfrage	*Are you 13? Do you like it?*

Lösungen

p. 8
1 **A** Who met Latisha at the festival?
B Who did Katrina meet at the festival?
2 **A** Who wants to meet Asif in Hyde Park?
B Who does Robert want to meet in Hyde Park?
3 **A** Who takes Katrina to the ferry every morning?
B Who does Mrs McFadden take to the ferry every morning?

p. 9
1 Have you got my ruler? I **gave it to you** yesterday.
2 Didn't Mum say she wanted to **make me a cake**? Where is it? – No, no. Mum said she wanted **to make a cake for Dad**, not for you!
3 Could you **explain the problem to the team**, please?

p. 10
1 They **soon** found out where Jack had gone.
2 'Perhaps we can see the village from this tree,' he said and climbed it **carefully**.
3 I'm **often** nervous before a test. But I usually do **quite** well in the end.
4 I've **always** wanted to have a picnic in Central Park **on a warm summer evening**.

p. 14
1 My sister usually **has** milk for breakfast, but this morning she**'s drinking** tea.
2 At the weekend we often **go** to Camden Lock Market with our friends.
3 Normally I **get up** at seven o'clock, but this week I**'m getting up** later because there's no school.
4 We usually **play** tennis at weekends, but this weekend we**'re visiting** friends in Bath.
5 'I'm sorry, I can't talk to you right now. I**'m waiting** for an important phone call.'

p. 18 a) When the earthquake started, ...
1 Fay **was making** tea.
2 Fay **ran** out of the house.
When the lion escaped, ...
3 John **was having** a sandwich.
4 John **had** a heart attack.

p. 18 b) Helen didn't go to the cinema because ...
1 she **had left** her purse at home.
2 the queue **was** too long.
Jacob bought lots of apples because ...
3 they **were** very cheap.
4 his mum **had asked** him to.

p. 18 c)
1 But we**'ve already cycled** 20 km! – Come on. **Yesterday** we **cycled** 50 km without stopping.
2 But we**'ve seen** it! We **went** to see it **last Friday**. ...

p. 25
1 Don't forget to take some warm clothes. It**'ll be** cold in Canada at this time of the year.
2 Have you got any plans for this summer? – Yes, we**'re going to fly** to California.
3 Grandma **will be** 80 next week. We**'re going to have** a big party for her.
4 Our flat is too small. **We're going to move** out. We've already started looking for a new flat.

p. 30 a)
1 Our CD player didn't work any more, so we **had to** buy a new one.
2 Do you think we**'ll be allowed to** use a dictionary in our English test tomorrow? I hope so.
3 Little Jenny fell into the swimming pool. Luckily, she **was able to** pull herself out.
4 I'm sorry, I**'ll have to** go in a minute. I've got an appointment with the head teacher.
5 There was snow and ice on the road, but the driver **was able to** stop the car.

p. 30 b)
1 You **needn't** tell Dad about the trip. He already knows.
2 You **mustn't** tell Mum about the trip. It's a surprise.

p. 32
1 Manchester United's stadium **is called** 'Old Trafford'. It **was built** in 1909.
2 The telephone **was invented** by Alexander Graham Bell.
3 Last night a film **was shown** at our youth club.
4 The new bridge **was opened** by the Queen last Saturday.
5 The Golden Gate Bridge **was designed** by Joseph Strauss.
6 Every year, thousands of people **are killed** in car accidents.

p. 33
1C, 2E, 3A, 4D, 5B

p. 34 a)
1 The teacher **wanted Jake to clean** the board.
2 The policeman **told me to wait** outside.
3 We all **expected her to win** the competition.
4 Dad **would like us to tidy up** our rooms.

p. 34 b)
1 Can you tell me **how to get** to the cathedral?
2 I wasn't sure **who to believe**, my brother or my sister.
3 Computer games are OK if you know **when to stop**.
4 I was so embarrassed I didn't know **what to say**.

p. 36
1 We're planning **to spend** our holidays on the coast this year. You'll enjoy **swimming** in the sea.
2 **Flying** to Spain was very exciting for me and my sister.
3 I would like **to live** in Spain. Can you imagine **living** in Spain?
4 Have you finished **revising** your essay?

p. 39 a)
1 The international news **is** at eight o'clock.
2 The police **were** waiting round the corner, with an ambulance behind **them**.
3 The black trousers **are** too tight, but the red jeans **look** good on you.
4 I have to wear **glasses** when I'm working at the computer.
5 I need some **information** about flights to Dublin, please.

p. 39 b)
1/2 pound of butter, 2 packets of coffee, 1 kilo of sugar, 2 bottles of milk, 1 piece of cheese

p. 43
1 My brother is **a paramedic**. He works five nights **a week** in our local hospital.
2 Mr Jones travels to **the hospital** every evening to visit his wife.
3 I think **bread** tastes best when it's fresh.
4 **The bread** that we bought at the supermarket was old.
5 I don't usually drink **coffee** in the evenings.
6 **The coffee** that they sell here is so good that I always have two cups. And it's only 50p **a cup**.

p. 44
1 We don't get **much** snow where we live.
2 I don't drink **much** coffee. Just one cup in the morning.
3 There's **some** milk in the fridge. Help yourself.
4 I can give you **some** money if you need it.
5 There are **a few** apples left in the bowl.

p. 47
1 We're going to **meet** in the park after school.
2 He **hurt himself** and had to **sit down** for a moment.
3 We **talked to each other** on the phone yesterday.
4 Dan and Jo had an argument. They **shouted at each other** until their father came in.
5 Come on, we have to **hurry** or we'll be late. – **Relax**! We've got plenty of time!
6 I don't need your help. I can **help myself**.

p. 50
1 I picked up the little boy **carefully**. He smiled at me **happily**.
2 You look **tired**. Didn't you sleep **well**?
3 The exercise seemed **difficult** at first, but we were able to do it **easily** in the end.
4 I think dog food smells **awful**. It's **horrible**!

p. 53
1A, 2B, 3B, 4B, 5A, 6A

p. 55/1
1 The woman **who was taken to hospital last night** is still unconscious.
2 The boy **who has moved into the ground-floor flat** is really nice.
3 The new TV series **that started last month** is really boring.
4 The computer games **that I got from Mike** are great.
5 All the food **that we bought for the party** is in the fridge.

p. 55/2
1 Have you kept in touch with the girl you met in Spain?
3 I've found the CD you've been looking for.
4 Where's that book John sent from England?

p. 57
1 Colin told me that Chris Martin from *Coldplay* was his favourite singer.
2 Julie said that *Coldplay* were giving a free open-air concert in June.
3 Emily said that she had never been to an open-air concert.
4 Mark said he didn't like open-air concerts.
5 Colin said he thought they were great fun.

In diesem Teil des Heftes – dem **Skills**-Teil – sind wichtige **Lern- und Arbeitstechniken** zusammengestellt.

Die Beispiele und Tipps helfen dir

- beim **Erlernen von Methoden**,
- bei der Arbeit mit **Hör- und Lesetexten**,
- beim **Sprechen und Schreiben**,
- bei der **Mediation (Sprachmittlung)**,
- bei der **Vorbereitung auf Tests und Prüfungen**.

3: 5 / 4: 2 Die Ziffern bei den Überschriften geben an, wo das Thema in den Bänden 3 und 4 von *English G 21*, Ausgabe B, behandelt wird (hier: Band 3, Unit 5, und Band 4, Unit 2).

Meist findest du am Ende der Abschnitte eine kleine Aufgabe, mit der du überprüfen kannst, ob du die Technik richtig anwenden kannst. Auf den Seiten 83–85 kannst du überprüfen, ob du die Aufgaben richtig gelöst hast.

Inhalt

Skills

Study and language skills

1 Check yourself (Überprüfe dich selbst) 4:1

How am I doing?

Damit du weißt, in welchen Bereichen des Englischen du noch Schwächen hast und welche du schon beherrschst, solltest du dich immer wieder selbst überprüfen. Einige Tipps zur Selbstüberprüfung kennst du schon vom **Stop-Check-Go** aus den Bänden 1 und 2 von *English G 21* und aus *Grammar and Skills 1/2*.
Die Units der Bände 3 und 4 von *English G 21* enden immer mit einer **How am I doing?**-Seite zur Selbstüberprüfung. Diese Seiten bearbeitest du wie folgt:

1. Mach die einzelnen Aufgaben und überprüfe deine Ergebnisse.
2. Schau dir die Bereiche **Areas**, in denen du Fehler gemacht hast, noch einmal an.
Halte dich dabei an die Hinweise in der Spalte **Find out more**.
3 Übe nun gezielt diese Bereiche. In der Spalte **Exercises** siehst du, wo du passende Übungen findest.
4. Mach nach einiger Zeit die **How am I doing?**-Aufgaben noch einmal. Hast du jetzt besser abgeschnitten?

No.	Areas	Find out more	Exercises
1–4	Unit facts, Scanning	Unit 3 (pp. 52–57, 66) SF (p. 134)	WB 15–16, (pp. 43–44)
5–6	Explaining words	Unit 3 (p. 55), SF (p. 138)	P 5 (p. 62), WB 7 (p. 39)
7–8	[illegible]	[illegible]	[illegible]

Die Arbeit mit einer persönlichen Fehlerliste

Lege eine Liste an mit Fehlern, die du oft machst, und nutze sie beim Schreiben von Texten als persönliche Checkliste. Hefte diese Liste in deinem Englischordner ab oder fang dafür ein extra Heft an (z.B. in DIN-A5).
Das Heft kannst du z.B. nach folgenden Schwerpunkten unterteilen:

1. Drittel: ***Words*** 2. Drittel: ***Grammar*** 3. Drittel: ***Spelling***

Dann untersuchst du deine Klassenarbeiten und andere schriftliche Arbeiten auf deine Fehlerquellen hin. Dein/e Englischlehrer/in zeigt durch Abkürzungen am Rand, welche Art Fehler du machst.

WORDS

WRONG	CORRECT	REMEMBER
He goes to school ~~with the~~ bus.	He goes to school by bus.	mit dem Bus fahren – go by bus
We've got a ~~strong~~ teacher.	We've got a strict teacher.	Nicht verwechseln! streng – strict / strong – stark
I climbed ~~on~~ a tree.	I climbed a tree.	auf einen Baum klettern – climb a tree

Tipp

- Ergänze deine Liste jedes Mal, wenn du eine Klassenarbeit oder einen Text von deinem Lehrer/ deiner Lehrerin zurückbekommen oder wenn du eine *How am I doing*-Seite bearbeitet hast.
- Überprüfe, ob du bestimmte Fehler immer wieder machst. Wenn ja, such dafür Übungen in deinem Englischbuch, deinem *Workbook*, deinem *e-Workbook* oder frag deinen Lehrer/deine Lehrerin nach Übungen.
- Schau dir vor jeder Klassenarbeit die Fehler an, die du oft machst.
- Mach dir mithilfe des **Grammatik**-Teils dieses Heftes die Regeln, die dir besonders schwerfallen, noch einmal bewusst.

Schau dir die folgenden Fehler an.
Was würdest du beim Korrigieren in die Spalten CORRECT *und* REMEMBER *schreiben?*

a) We always <u>meet us</u> at seven o'clock.
b) I haven't <u>made</u> my homework yet.
c) We bought tickets, got on the train and <u>drove</u> to Berlin.
d) If I <u>would have</u> more money, I could buy a new DVD player.
e) I need some <u>informations</u> about flights to London.

2 Using a bilingual dictionary (Mit einem zweisprachigen Wörterbuch arbeiten) 3:1 / 3:2

Wann kann mir ein zweisprachiges Wörterbuch helfen?

Du verstehst einen Text nicht, weil er zu viele Wörter enthält, die dir unbekannt sind, und die Worterschließungstechniken (▸ *Working out the meaning of words*, p. 73) helfen dir nicht weiter?
Du sollst einen Text auf Englisch schreiben, und dir fehlt das eine oder andere Wort, um deine Ideen auszudrücken?
In diesen Fällen hilft dir ein zweisprachiges Wörterbuch.

1. Die **Leitwörter** *(running heads)* am Kopf der Seiten helfen dir, den gesuchten Wörterbucheintrag schneller zu finden. Auf der linken Seite oben steht das erste Stichwort, auf der rechten Seite oben das letzte Stichwort der jeweiligen Doppelseite.

2. Die blau gedruckten **Stichwörter** *(headwords)* sind alphabetisch angeordnet: a vor b, ap vor aq, apr vor apt usw.

3. Die **Lautschrift** gibt an, wie das Wort ausgesprochen und betont wird.

4. Die **Ziffern 1, 2** usw. zeigen, dass ein Stichwort mehrere verschiedene Bedeutungen hat (und manchmal verschiedenen Wortarten angehört).

5. ***Kursiv* gedruckte Hinweise** helfen dir, die passende Bedeutung zu finden. Beachte auch die Angaben zur Wortart, die Angaben zur Verwendung sowie die Hinweise auf unregelmäßige Verbformen, auf besondere Steigerungsformen und Ähnliches im englisch-deutschen Teil.

6. In manchen Wörterbüchern ersetzt eine **Tilde** (~) das Stichwort in Beispielsätzen und Redewendungen.

7. In vielen Wörterbüchern gibt es zu kniffligen Wörtern zusätzliche **Info-Kästchen**, in denen du weitere nützliche Hilfen und Hinweise findest.

Ja, danke. – Nein, danke.

Wenn man ein **Angebot annehmen** möchte, sagt man meist **Yes, please**:

– Möchtest du etwas zu trinken?	– Would you like something to drink?
– Ja gern, danke.	– Yes, please.

Wenn man ein **Angebot ablehnen** möchte, sagt man **No, thank you** oder **No, thanks**:

– Möchtest du etwas zu trinken?	– Would you like something to drink?
– Nein, danke. / Danke, nein.	– No, thank you. / No, thanks.

⚠ Im Deutschen kann man ein Angebot durch ein einfaches **Danke** (begleitet von

award

avert [əˈvɜːt] *Krise o. Ä.* abwenden; ~ ***one's eyes*** den Blick abwenden; ~ ***an accident*** einen Unfall verhindern
aviation [ˌeɪviˈeɪʃn] Luftfahrt
avid [ˈævɪd] begeistert
avoid [əˈvɔɪd] vermeiden; *Ort* meiden; *Hindernis* ausweichen; ~ ***sb.*** jm. aus dem Weg gehen; ~ ***doing sth.*** es vermeiden, etwas zu tun
avoidable [əˈvɔɪdəbl] vermeidbar
await [əˈweɪt] *förmlich* erwarten
awake [əˈweɪk] wach; ***it's keeping me*** ~ das hält mich wach; ***wide*** ~ hellwach
award [əˈwɔːd] **1** *Nomen* Preis, Auszeichnung **2** *Verb mit Obj*; *Auszeichnung, Preis* verleihen; ***she was awarded the Nobel Prize*** ihr wurde der Nobelpreis verliehen; ***be awarded damages*** Schadenersatz zugesprochen bekommen

dann

dann then; ***wenn sie es nicht schafft, wer ~?*** if she can't do it, then who can?; ~ ***und wann*** (every) now and then; ***bis ~!*** see you later!; ~ ***eben nicht*** well, don't then, suit yourself
daran *räumlich* on it; *etwas befestigen* to it; *denken* about it; *sterben* of it; *glauben* in it; *leiden* from it; *arbeiten* on it; ~ ***liegt es (, dass …)*** that's why (…)
darangehen get* down to it; ~, ***etwas zu tun*** get* down to doing sth.
darauf *räumlich* on it; *zeitlich* after that; *hören, antworten, trinken* to it; *stolz* of it; *warten* for it; ***bald*** ~ soon after; ***am Tag*** ~ the day after, the next day; ~ ***kommt es an*** that's what matters
daraufhin *danach* after that; *als Folge* as a result; ***etwas ~ prüfen, ob …*** test sth. to see if …

Tipp

Lies den **gesamten Wörterbucheintrag**, bevor du dich für eine Übersetzung entscheidest. Nimm nicht einfach die erste Übersetzung, die dir angeboten wird.

Kannst du die folgenden Sätze mithilfe der Wörterbuchauszüge übersetzen?

a) Who was **awarded** the first prize?
b) They couldn't **avert** the crisis.
c) The noise kept him **awake** all night.
d) Luckily the driver was able to **avoid** the dog.

e) Nicht schon wieder Pizza! – Was **dann**?
f) Wir arbeiten **daran**.
g) Du solltest nicht **darauf** warten.
h) Ich bin stolz **darauf**.

Quelle: Auszüge von S. 43 und S. 507–508 aus „English G 2000 Wörterbuch – Das Wörterbuch zum Lehrwerk". Herausgegeben von der Langenscheidt-Redaktion Wörterbücher und der Cornelsen-Redaktion English. © 2007 Cornelsen Verlag GmbH & Co. OHG, Berlin, und Langenscheidt KG, Berlin und München

3 Describing and analysing pictures (Bilder beschreiben und analysieren)

Beschreibung: Wo ist was? / Wer tut was?

– Um zu sagen, wo genau etwas abgebildet ist, verwende:	**at the top/bottom • in the foreground/background** **in the middle • on the left/right** **above … • behind … • between … • in front of … •** **next to … • under …**
– Du kannst diese Ausdrücke auch kombinieren:	**at the bottom on the left** **in the background on the right** **behind the** girl/boy/… **in the middle**
– Um zu beschreiben, was die Personen auf dem Bild tun, verwende das ***present progressive***:	The girls **are looking** at a music magazine. …

Analyse/Interpretation: Wer fühlt was?

Wenn du dich in die abgebildeten Personen hineinversetzen und beschreiben sollst, was sie fühlen oder denken, kannst du Ausdrücke wie diese verwenden:	**Maybe the boy in the photo is thinking about …** **I think the girls feel …** **I think the boy would like to …** **Maybe the girls want to …**

Sieh dir das Foto an. Beschreibe und analysiere es.
Wie, glaubst du, fühlen sich die Mädchen?
Und der Junge?
Es hilft, wenn du dir vorher Notizen machst. (▸ *Taking notes*, p. 72)

Gib die Bildbeschreibung deinem Lehrer/deiner Lehrerin und bitte ihn/sie, deinen Text zu korrigieren.

4 Research (Recherche) 4: 4

Material sammeln

Wenn du zu einem Thema etwas schreiben oder einen Vortrag halten sollst, dann brauchst du **informatives Material**.

Du solltest immer **mehrere Quellen** verwenden – nicht nur deutsche, sondern **auch englischsprachige** (das hilft dir später beim Formulieren deines Textes).

Hier einige Quellen und wofür du sie nutzen kannst:
- Internet/Lexikon (alle Wissensgebiete; wichtige Personen und Ereignisse)
- Atlas (geografische und politische Übersichten; Städte, Flüsse)
- Wörterbücher (Rechtschreibung und Bedeutung von Wörtern)
- Schulbücher (verschiedene Wissensgebiete)
- Zeitungen/Zeitschriften (aktuelle Informationen).

Auch CDs und DVDs sind mögliche Quellen.

Tipp

Achte immer darauf, ob es sich um **sachliche Informationen**, also um Tatsachen, oder um **persönliche Meinungen** handelt.

Recherchieren im Internet

Das Hauptproblem bei der Recherche im Internet ist, dass du oft **zu viele Informationen** findest.
Stell dir vor, du sollst einen Vortrag über **African Americans in the 1960s** halten.
Die folgenden Tipps sollen dir helfen, bei der Recherche nicht im *world wide web* verloren zu gehen:

- Notiere zuerst die wichtigsten Stichwörter – die **Schlüsselwörter** *(key words)* – für dein Thema, also z.B. **African Americans, history, USA, Martin Luther King, ...**
- Überlege, welches Stichwort oder welche Kombination von Stichwörtern gute Ergebnisse liefern könnte: **„African Americans" history** oder **African+Americans+history** oder **...**
  (Die Anführungsstriche bei „African Americans" sorgen dafür, dass nur solche Websites angezeigt werden, auf denen diese beiden Wörter tatsächlich direkt nebeneinander vorkommen.)
- **Suchmaschinen** wie *Google* oder *Yahoo* helfen dir, Websites zu deinem Thema zu finden. Wenn die angezeigten Websites dir nicht helfen oder du zu viele Websites angezeigt bekommst, versuch es noch einmal, indem du deine Schlüsselwörter präzisierst oder ergänzt.
- Wenn du dir erst einmal einen Überblick verschaffen willst, kannst du auch ein **Nachschlagewerk im Internet** anklicken:
  www.infoplease.com oder www.en.wikipedia.org
  Manchmal gibt es dort auch Links, die dir weiterhelfen.

Tipp

- Verwende immer mehrere Quellen!
- Nicht alles, was im Internet steht, ist richtig! Schau immer mehr als eine Website an, um sicherzugehen, dass die Informationen stimmen.
- Bei englischen Quellen brauchst du nicht jedes Detail zu verstehen. Konzentriere dich auf das Wesentliche. (► *Skimming and scanning*, p. 73)

Wichtiges herausschreiben (exzerpieren)

Sichte das Material und entscheide, welche Informationen du tatsächlich verwenden möchtest.

- **Informationen aus Büchern und Zeitschriften** schreibst du heraus, oder du machst Fotokopien.
  Auf den Kopien kannst du wichtige Passagen markieren (► *Marking up texts*, p. 72).
  Eigene Gedanken fügst du in Stichpunkten hinzu. Vergiss die **Quellenangabe** nicht!
- **Internet-Materialien** sammelst du zunächst in elektronischen Ordnern auf deinem Rechner.
  Dann überträgst du die wichtigsten Informationen mit den Befehlen „Kopieren" und „Einfügen" in ein neues Dokument, wo du sie dann bearbeiten kannst (also kürzen, ergänzen, umschreiben usw.).
  Vergiss auch hier die **Quellenangabe** nicht!

(Fortsetzung ► p. 70)

Umschreiben – zitieren – Quellen angeben

Nun kannst du darangehen, deinen Text oder deine Präsentation auszuformulieren.
Dabei solltest du nicht einfach aus deinen Quellen abschreiben. Verwende **eigene Formulierungen**!

Wenn du aus deinen Quellen zitieren willst, musst du die **Zitate** in **Anführungszeichen** setzen.
Gib **Autor und Quelle** einschließlich Seitenzahl an (bei **Internetquellen** die Webadresse und das **Datum des Aufrufs**).
Das gilt auch dann, wenn du eine Aussage aus deinen Quellen mit eigenen Worten umschreibst.
Auch bei **Abbildungen** musst du die **Quelle** angeben.
Bei einer mündlichen Präsentation solltest du Zitate ankündigen.

Und denk daran:
Lange Zitate können auch ermüdend wirken und vielleicht den Eindruck erwecken,
dass du selbst nur wenig zu sagen hast.

Welche Ratschläge sind schlecht? Verbessere sie.

a) Kürze Zitate nie.
b) Drucke immer alle Internetseiten sofort aus.
c) Verwende Anführungsstriche, wenn deine Stichwörter als zusammenhängender Suchbegriff verstanden werden sollen.
d) Gib nur bei Texten die Quelle an.
e) Notiere erst die wichtigsten Stichwörter.
f) Ordne dein Material mithilfe deiner Stichpunkte.
g) Zitiere deine Quellen immer wörtlich.
h) Verwende immer mehrere Quellen.

5 Presentations (Präsentationen)

▪ Vorbereitung
– Ordne und notiere deine Gedanken (in Stichworten), z.B. auf nummerierten Karteikarten oder als Mindmap.
– Übe deine Präsentation zu Hause vor einem Spiegel. Sprich laut, deutlich und langsam. Mach Pausen. Reicht die Zeit?

▪ Folien oder Poster
Mit Overhead-Folien oder einem Poster kannst du
– deinen Zuhörer/innen zeigen, wie dein Vortrag aufgebaut ist
– Tabellen, Diagramme usw. für alle lesbar präsentieren
– die wichtigsten Punkte zusammenfassen.
Schreib groß und für alle gut lesbar. (Statt mit Folie oder Poster kannst du auch mit **Computer und Beamer** arbeiten.)

▪ Durchführung
– Bevor du beginnst, bereite deine Medien vor und sortiere deine Vortragskarten. Überprüfe, ob die Technik im Vortragsraum funktioniert.
– Warte, bis es ruhig ist. Schau die Zuhörer an.
– Erkläre zu Anfang, worüber du sprechen wirst.
– Lies nicht von deinen Karten ab, sondern sprich möglichst frei.
– Schreibe unbekannten Wortschatz und Eigennamen an die Tafel.

My presentation is about ...
First, I'd like to talk about ...
Second, ...

▪ Schluss
– Sag, dass du fertig bist.
– Frag die Zuhörenden, ob sie Fragen haben.
– Bedanke dich fürs Zuhören.

That's the end of my presentation.
Thank you for listening.
Have you got any questions?

Listening and reading skills

6 Listening (Hörverstehen) 3: 1 / 4: 2

■ Vor dem Hören

- Nutze **Überschriften** und **Bilder**, um eine Vorstellung zu bekommen, um was es in deinem Hörtext gehen könnte.
- Frag dich, was du schon über das Thema weißt.
- Lies dir die **Aufgaben** zu deinem Hörtext genau durch. Sollst du nur auf die **Hauptaussage(n)** achten, oder geht es auch um **Details**?
- Finde heraus, ob du den Hörtext einmal oder zweimal hören wirst.
- Bereite dich darauf vor, Notizen zu machen. Je nach Aufgabe kannst du z.B. eine Tabelle oder Liste anlegen (▸ *Taking notes*, p. 72).

■ Während des Hörens

- Keine Panik! Du musst nicht alles verstehen. Konzentriere dich auf das Wesentliche. Oft werden wichtige Informationen auch wiederholt.
- Achte auf Geräusche und unterschiedliche Stimmen. Was ein Sprecher/eine Sprecherin besonders betont, das ist wichtig!
- Wenn du nach bestimmten **Detailinformationen** suchst, dann lass dich nicht von anderen Einzelheiten ablenken.
  Aufgepasst! Die Informationen, die du suchst, kommen vielleicht in einer anderen Reihenfolge vor, als du sie erwartest.
- Manche **Signalwörter** machen es dir leichter, den Hörtext zu verstehen:
  - **and, another, too** (**Aufzählung**)
  - **although, but** (**Gegensatz**)
  - **because, so, so that** (**Grund, Folge**)
  - **larger/older/... than, as ... as, more ..., most ...** (**Vergleich**)
  - **before, after, then, next, later, when, at last, at the same time** (Reihenfolge)
- Mach dir nur kurze Notizen (Anfangsbuchstaben, Symbole, Stichworte, ...), schreib keine ganzen Sätze.

! Beim Hören von **Telefonansagen** fehlt dir der Blickkontakt.
Bereite dich daher besonders gut vor:
- Überlege vorher genau, welche Informationen du heraushören willst.
- Achte besonders auf Zahlen. Oft wirst du aufgefordert, bestimmte Tasten auf deinem Telefon zu drücken.
- Horche auf die entsprechenden Schlüsselwörter.
- Wenn möglich, mach Notizen während des Hörens.

Die meisten Telefonansagen kann man mehrmals anhören.
Also keine Panik!

■ Nach dem Hören

- Vervollständige deine Notizen sofort.
- Wenn du den Text ein weiteres Mal hören kannst, konzentriere dich auf das, was du vorher nicht genau verstanden hast.

Tipp

Du kannst viele DVDs auch mit englischem Ton ansehen. Nutze diese Gelegenheit so oft wie möglich. (Ob du den englischen Ton besser verstehst, wenn du die deutschen Untertitel liest, musst du ausprobieren.)

7 Marking up texts (Texte markieren)

Du bereitest eine Präsentation oder einen Bericht vor und hast einen Text mit vielen Fakten vor dir liegen. Dann wird es dir helfen, die für deine Aufgabenstellung **wichtigen Informationen** im Text zu markieren.

Markiere nicht zu viel – nicht jeder Satz enthält Informationen, die für dich wichtig sind. Und oft reicht es aus, nur ein oder zwei Wörter in einem Satz zu markieren.

> **!** Markiere nur **auf Fotokopien** oder **in deinen eigenen Büchern.**

Wichtige Wörter kannst du

– einkreisen – farbig unterstreichen – mit Textmarker hervorheben.

8 Taking notes (Notizen machen)

Wenn du beim Lesen oder Zuhören Notizen machst, kannst du dich später besser erinnern – z.B. wenn du etwas vortragen willst, etwas nacherzählen sollst oder einen Bericht schreiben musst.

Achte auf die **Schlüsselwörter** *(key words)* in Texten oder Gesprächen – nur die solltest du notieren. Meist sind das Substantive und Verben, manchmal auch Adjektive oder Zahlen.

Je nachdem, mit welchem Ziel bzw. mit welcher Aufgabenstellung du einen Text liest oder hörst, kannst du deine Notizen vorbereiten, indem du beispielsweise vor dem Lesen/Hören eine **Tabelle** oder **Liste** anlegst.

> **Tipp**
> Verwende **Ziffern, Symbole** und **Abkürzungen**, um Zeit zu sparen.

Jeder in der Klasse soll ein Buch vorstellen, welches er/sie gern lesen möchte. Du hast den Text rechts über Stephenie Meyers Buch Twilight *gefunden und möchtest ihn für eine kurze Präsentation aufbereiten.*

***Markiere** die Informationen, die für deine Vorstellung wichtig sind, und mach dir **Notizen**.*

Twilight is a love story about 17-year-old Bella and Edward, a boy with dreamy good looks who, Bella learns, is really a vampire. But this is no ordinary vampire story – it's a book in a class of its own which readers of all ages will definitely enjoy.

The story is told by Bella, so we don't learn directly how the other characters feel or think. At first we know only a little about Edward and his family, but as the story develops we slowly get a bigger picture of these outsiders. Our appetite for more grows. What makes the story even more readable is that Bella is a very credible character, shy and without much self-confidence, but very likeable nevertheless.

Twilight is extremely well written, in language that is easy to understand. When you read about Forks, the town where the story is set, you feel as if you are there, walking through the permanent mist and rain.

A romance like this will move even the toughest of readers to tears. You won't put the book down until you have turned the very last page. Can the love between the two heroes survive? Will the two lovers themselves survive? Buy the book and find out.

9 Reading course – SUMMARY (Lesekurs – Zusammenfassung)

Working out the meaning of words 4: 1

Das Nachschlagen unbekannter Wörter im Wörterbuch kostet Zeit und nimmt auf Dauer den Spaß am Lesen. Oft geht es auch ohne:

1. **Bilder** erklären und ergänzen oft die Aussagen im Text.
2. Oft hilft dir der **Textzusammenhang** *(context)*.

   → The **waves** took the surfers right onto the beach.

3. Zu manchen **englischen Wörtern** fallen dir vielleicht **Wörter aus anderen Sprachen** ein, die ähnlich geschrieben oder ausgesprochen werden.

   → excellent • colony • gallery • magical • nationality • reality • shock

4. Manchmal stecken in unbekannten Wörter **bekannte Teile**.

   → difficulty • enjoyable • indoors • owner • personality • sleeping bag • sporty

Skimming and scanning 3: 5 / 4: 2

■ ***Skimming:*** **Texte überfliegen**

Beim ***Skimming*** **überfliegst** du einen Text schnell, um dir einen Überblick zu verschaffen. Du willst dabei herausfinden, ob der Text überhaupt für deine Zwecke und deine Aufgabenstellung geeignet ist.

Achte beim Überfliegen des Textes auf
- die **Überschrift**
- **Zwischenüberschriften** und **hervorgehobene** Wörter oder Sätze
- **Bilder** und **Bildunterschriften**
- den **ersten** und den **letzten Satz** eines jeden Absatzes
- **Grafiken, Statistiken** und die **Quelle** des Textes.

■ ***Scanning:*** **Texte nach bestimmten Informationen absuchen**

Beim ***Scanning*** suchst du nach **bestimmten Informationen** und **Details.** Dabei suchst du den Text nach **Schlüsselwörtern** *(key words)* ab.

Du konzentrierst dich auf das gesuchte Wort und gehst schnell mit den Augen und dem Finger durch den Text – in breiten Schlingen wie bei einem „S“ oder „Z“ oder von oben nach unten wie bei einem „U“. Das gesuchte Wort wird dir „ins Auge springen“. Dann liest du dort weiter, um Näheres zu erfahren.

Wenn du deine Schlüsselwörter nicht entdeckst, versuch es noch einmal mit anderen, themenverwandten Wörtern – wenn du z. B. das Wort *meat* nicht finden konntest, versuch es mit *beef, pork* oder *chicken*.

(Fortsetzung ▸ p. 74)

Finding the main ideas of a text 4: 3

Zeitungsartikel, Berichte oder Kommentare verstehst du besser, wenn du die **wichtigsten Aussagen** erkennst und nachvollziehst, wie sie zusammenhängen.
Dabei hilft dir ein Blick auf die Struktur dieser Texte:

1. Jeder Text hat ein **Thema** mit mindestens einer **Hauptaussage**. Diese Hauptaussage findest du oft im **ersten Absatz**. Daher solltest du den ersten Absatz immer besonders gründlich lesen.
2. Die Hauptaussage wird in der Regel durch weitere wichtige Aussagen und Gedanken unterstützt. Diese weiteren wichtigen Ideen stehen oft am Beginn von neuen Absätzen.
3. **Beispiele** und **Begründungen** ergänzen die Aussagen des Textes.

Tipp

Beispiele und Begründungen erkennt man oft an diesen Ausdrücken:
... % of ... are ... • **and so** • **because** • **e.g. /for example** • **etc.** • **for lots of reasons** • **this shows that** • **that's why**

Today, Canada is a truly multicultural place. The first Europeans who visited Canada were the Vikings, around the year 1000. Then, in 1497, a man called John Cabot left Bristol, crossed the Atlantic and landed on Canada's east coast.
In the 16th century the first French settlers in Canada lived near a mountain they called Mont Réal. Canada became a French colony, New France. But in 1763 France lost Canada to the British.
Most people in Canada are still of French or British descent, but people from many other parts of the world have also come to live there. Vancouver, for example, is sometimes called 'Hongcouver' or 'Vankong' because of all the Chinese immigrants. In Toronto, 40% of the people now belong to

Drawing conclusions 4: 4

Wenn du Fragen zu einem Text beantworten sollst oder bestimmte Informationen in einem Text suchst, kann es gut sein, dass du an mehreren Stellen schauen musst oder dass die Antwort nicht direkt im Text steht, sondern erschlossen werden muss. Dann ist sorgfältiges, schlussfolgerndes Lesen nötig:

1. Lies den Text genau. Welches sind seine **wesentlichen Aussagen**?
   (▸ *Finding the main ideas of a text*, p. 74)
   An welchen Stellen findest du die **Detailinformationen**, die du brauchst?
   (▸ *Scanning*, p. 73)
2. Führe die für dich wichtigen Informationen aus verschiedenen Textstellen zusammen, indem du sie im Text markierst (aber nur auf Kopien oder in eigenen Büchern!) und dann in Stichworten herausschreibst.
   (▸ *Marking up texts / Taking notes*, p. 72)
3. Manchmal steht die Antwort auf eine Frage nicht direkt im Text. Dann musst du **Schlussfolgerungen** ziehen aus all den Stellen im Text, die etwas mit deiner Frage zu tun haben.

1 *Wovon handelt der Text rechts?*

2 *Was sind für dich die wesentlichen Aussagen des Textes?*

3 *Welche Schlüsse kannst du aus dem Text über Kindheit* (childhood)*, Ausbildung, Zukunftschancen von Kindern wie J. ziehen?*

Every year, about 300,000 children between the ages of 6 and 14 move to northern Mexico with their parents to work in the fields.

J. is just ten years old, but he has been in these fields since he was seven. His working day begins long before the sun rises. He picks chili peppers eight hours a day and earns about seven US dollars.

When J. finishes working he will go to a school run by the company that employs him and his family. He will study for two to three hours and then return to camp to get some sleep before the next day begins.

Speaking and writing skills

10 Paraphrasing (Paraphrasieren) 3: 3

Paraphrasing bedeutet, etwas mit anderen Worten zu erklären, z.B. wenn dir ein bestimmtes Wort nicht einfällt oder wenn dein Gegenüber dich nicht verstanden hat (*(to) paraphrase* = „umschreiben, paraphrasieren“).
Die Technik des Paraphrasierens ist besonders nützlich für die Mediation (► *Mediation*, p. 80).

- Du kannst Ausdrücke verwenden, die **dieselbe Bedeutung** haben (1). Oder du nennst das **Gegenteil** (2).
- Du kannst ein **allgemeineres Wort** oder einen **Überbegriff** verwenden und **weitere Eigenschaften** nennen (3, 4). Besonders gut funktioniert das mit **Relativsätzen** (5). (► *Relative clauses*, pp. 54–55)

(1) '**repeat**' means / is the same as / is another word for '**say again**'.
(2) '**dry**' is the opposite of '**wet**'.

(3) A **mug** is a kind of **big cup** for tea or coffee.
(4) A **ladle** is a large **spoon** / is a kind of large **spoon** – you use it to put soup onto a plate.
(5) A **recipe** is a **text** that tells you how to cook a dish.

Umschreibe die Wörter im Kästchen auf Englisch. (Schlage danach die englische Entsprechung der deutschen Wörter in einem zweisprachigen Wörterbuch nach – oder online, z.B. bei **www.dict.cc***)*

a) Pfütze	d) a caravan
b) Balkon	e) a paddle
c) Spargel	f) cloudy

11 Brainstorming (Ideen sammeln) 3: 4

Bei vielen Aufgaben ist es nützlich, wenn du als Erstes möglichst viele Ideen zum Thema sammelst.

▪ ***Making a list:*** Du kannst die Ideen so aufschreiben, wie sie dir einfallen – jede Idee kommt in eine neue Zeile. Erst in einem zweiten Schritt liest du alle Ideen durch und überlegst, welche für dein Thema wirklich sinnvoll sind. Dann nummerierst du die Ideen nach Nützlichkeit.

▪ ***Making a mind map:*** Du kannst deine Ideen als Mindmap anordnen. Überlege, welche Oberbegriffe zu deinem Thema passen. Verwende unterschiedliche Farben für jeden Oberbegriff. Ergänze jede weitere Idee auf einem Nebenast. Notiere nur wichtige Schlüsselwörter – oder verwende Symbole und kleine Zeichnungen.

▪ ***The 5 Ws:*** Schreib die fünf Fragewörter **Who? What? When? Where? Why?** in eine Tabelle. Dann notierst du deine Ideen zu jeder Frage in der Tabelle.

PARTY
buy food
buy drinks
talk to parents
invite friends
prepare room
buy decoration
make cake
look for good music
ask friends for help

1 *Sieh dir die Party-Liste rechts an. Nummeriere die zu erledigenden Dinge so, dass eine für dich sinnvolle Reihenfolge entsteht. (Es gibt natürlich nicht nur eine „richtige“ Möglichkeit.)*

2 *Kopiere die Tabelle und ergänze weitere Ideen für eine* ***Vampir-Geschichte****. (Schreib mithilfe der Tabelle eine Vampirgeschichte und bitte deine/n Lehrer/in, sie zu korrigieren.)*

who?	what?	when?	where?	why?
a vampire a girl			in France in a castle	

12 Writing summaries (Zusammenfassungen schreiben) 4: 3

Wenn du einen Text zusammenfassen möchtest, schreibst du eine ***summary***:

1. Lies den Text genau durch, um zu verstehen, worum es geht. Mach dir noch keine Notizen.

2. Lies den Text jetzt ein weiteres Mal, Satz für Satz. Mach dir dabei Notizen zu den **5 Ws** (► *Taking notes*, p. 72).
(Wenn du mit einer Kopie arbeitest, kannst du auch zuerst die wichtigsten Passagen auf der Kopie markieren (► *Marking up texts*, p. 72).)

Wichtig sind die Textstellen, die auf die Fragen rechts Antwort geben. Weglassen solltest du Beispiele, Vergleiche, Zitate, direkte Rede, ausschmückende Adjektive und andere Textteile, die der Beschreibung dienen.

Who?	Who is the text about?
What?	What happens? What does he/she do?
Where?	Where does it happen?
When?	When does it happen?
Why?	Why does it happen? Why does he/she do it?

3. Leg den Text nun beiseite und schreib mithilfe deiner Notizen eine Zusammenfassung des Textes – in deinen eigenen Worten.

- Erkläre in den ersten ein oder zwei Sätzen, worum es geht. Dabei kannst du die Ausdrücke im Kasten rechts verwenden.
- Gib dann die wichtigsten Ereignisse der Geschichte bzw. die Hauptpunkte des Artikels wieder. Achte auf eine logische Reihenfolge. Greife auf deine Notizen zu den **5 Ws** zurück. Schreib den Text nicht ab, sondern benutze deine eigenen Worte.
- Wenn du Kurzgeschichten oder Romane zusammenfasst, verwende das ***simple present*** – auch wenn die Geschichte in der Vergangenheit spielt.
- Wenn dein Lehrer/deine Lehrerin eine bestimmte Anzahl von Wörtern für die *summary* vorgegeben hat, dann halte diese Zahl ein. Wenn keine Zahl vorgegeben ist, sollte deine Zusammenfassung etwa ein Viertel bis ein Drittel so lang sein wie das Original.

The story is about ...
The text describes ...
The article shows ...
In the story we get to know ...

4. Überprüfe deine Zusammenfassung. Sind die wichtigsten Gedanken, Ereignisse, Ideen enthalten?
Achte auch auf sprachliche Fehler.
(► *Checking and correcting your text*, p. 79)

Schreib eine Zusammenfassung des Textes über Anna Perera (70–80 Wörter).

Anna Perera, children's writer

Anna Perera grew up just a few miles outside London, the city of her birth. Her mother was a Catholic, her father a Buddhist. And Anna herself? Well, she was mainly a bookworm. Like many of us, she discovered early in life that books were a passport out of this world into a world you could choose for yourself. One thing made her sad: the fact that no day was ever long enough to do all the reading she wanted.
Reading led to writing, although she had to wait a bit for success as an author. For a while, she worked as an English teacher at a number of London schools. In her spare time she read and read. But that wasn't all. Visiting family, meeting friends and wearing nice clothes were fun too, she had discovered. So were music, dogs and horses ... and flying, preferably in hot-air balloons.
Anna has heroes, too: people with a passion to discover new things. And she has dreams: a world in which people are kind to each other in little ways, day by day.
Her latest book is the story of a young English Muslim who is imprisoned in Guantanamo Bay. 15-year-old Khalid is abducted while visiting relatives in Pakistan. Anna tells a moving story of stolen childhood, stolen dreams, stolen hopes. (223 words)

13 Writing letters

Beim Briefeschreiben musst du unterschiedliche Regeln beachten, je nachdem, ob du einen **förmlichen Brief** *(formal letter)* an eine Behörde, eine Firma oder eine Zeitschrift oder aber einen **persönlichen, informellen Brief** *(informal letter)* an Freunde oder Verwandte schreibst.

Formal letters

(1) Schreibe deine Adresse (ohne Namen!) und das Datum in die rechte obere Ecke. Verwende keine typisch deutschen Buchstaben wie ß, ä, ö oder ü.
(2) Die Anschrift steht links (wieder ohne Namen!).
(3) Die Anrede lautet ***Dear Sir or Madam***.
Wenn du den Namen des Adressaten kennst, beginne deinen Brief mit ***Dear Mr/Mrs/Ms ...***
(4) Benutze Langformen (*I am, I would like* statt *I'm, I'd like* usw.).
(5) Nenne zu Beginn den Grund deines Briefes.
(6) Wenn du Bitten oder Anfragen verschickst, bedanke dich im Voraus *(I look forward to hearing from you. Thank you.)*.
(7) Beende den Brief mit ***Yours faithfully***, wenn du den Adressaten nicht kennst.
Hast du den Adressaten am Anfang des Briefes mit Namen angeredet, dann verwende ***Yours sincerely***.
(8) Unterschreibe den Brief. Tippe zusätzlich deinen Namen unter die Unterschrift.

(1) Waldstr. 5
50933 Koeln
Germany

(2) 1532 Beachview Place
Los Angeles, CA
94832 - 1384
USA

20 May 2009

(3) Dear Sir or Madam

I am (4) writing to you because I am really interested in (5) an article I read in your newspaper (May 2009). The title of the article is "New World, New Hopes, and New Problems" and it is about three immigrant families living in America. I have some questions, and I hope that you will be able to answer them.

I know that a lot of Americans are proud of their country. What about people who live in America but were not born there? Have you asked the families from the article how they feel about America? I would really like to know what they think. (4)

I look forward to hearing from you soon. Thank you (6) very much.

(7) Yours faithfully

(8) *Tom Winter*
Tom Winter

Informal letters

Die Regeln für persönliche Briefe sind nicht ganz so streng:

- Schreibe deine Adresse (ohne Namen) und das Datum in die rechte obere Ecke.
- Verwende keine typisch deutschen Buchstaben wie ß, ä, ö, ü.
- Du benötigst keine Anschrift.
- Du kannst deinen Brief mit ***Dear ... / Hello ... / Hi ...*** beginnen.
- Nenne zu Beginn den Grund für deinen Brief.
- Beende den Brief mit einem freundlichen Gruß, gefolgt von ***Love ... / Yours ... / Best wishes ...*** oder ***All the best ...***

Im Heidkampe 134
30659 Hanover

6 March 2009

Dear Mrs Henderson,
I've just arrived back in Hanover, and I wanted to thank you again for being a super hostess during my stay in Pontefract. I really enjoyed my time in Yorkshire, and I'll never forget the fantastic day trip to Liverpool. I took some really nice photos of the Cathedral – if you like, I can mail them to you. The flight back home was fine, and Dad was at Hanover airport to meet me. Thanks again for everything.
Best wishes,
Antonia Winkler

Sortiere die Ausdrücke aus dem blauen Kasten unten in eine Kopie dieser Tabelle ein.

	förmlicher Brief	persönlicher Brief
Beginn	*Dear Mrs Jones, ...*	*Dear Grandma, ...*
Ende	...	...

Best wishes • Dear Grandma • I look forward to hearing from you • Yours faithfully • Dear Mrs Jones • Yours sincerely • Lots of love • I look forward to meeting you. • Love • Dear Sir or Madam • See you soon! • Hello Sarah • Happy birthday! • Hi • All the best

14 Writing course – SUMMARY (Schreibkurs – Zusammenfassung)

The steps of writing

1. ***Brainstorming*** – Ideen sammeln und ordnen (▸ *Brainstorming*, p. 75)

2. **Schreiben**:
- Texte gut strukturieren (▸ *Using paragraphs*, p. 78)
- Sätze verbinden und ausbauen (▸ *Writing better sentences*, p. 78)
- bei **Berichten**: *simple past* – bei **Zusammenfassungen**: *simple present*; bei **Berichten** und **Zusammenfassungen**: die 5 Ws abdecken (▸ *Writing reports*, p. 78 / *Writing summaries*, p. 76)
- bei förmlichen Briefen: höfliche Anrede und Schlussformel verwenden (▸ *Writing letters*, p. 77)

3. **Verbessern** – Texte inhaltlich und sprachlich überprüfen und korrigieren (▸ *Checking and correcting your text*, p. 79)

Using paragraphs

- Bei guten Texten lassen sich drei **Hauptabschnitte** erkennen:
- eine **Einleitung**, die in das Thema einführt
- ein **Hauptteil** (meist aus mehr als einem Absatz bestehend)
- ein **Schluss**, der den Text mit einer Zusammenfassung oder mit etwas Persönlichem zu einem interessanten Ende bringt.

Texte sind leichter zu lesen und zu verstehen, wenn sie in einzelne **Absätze** *(paragraphs)* untergliedert sind:
- Neue inhaltliche Aspekte sollten mit einem neuen Absatz begonnen werden.
- Wenn ein Text aus sehr vielen Absätzen besteht, ist es hilfreich, wenn jeder Absatz mit einem **kurzen, einleitenden Satz** *(topic sentence)* beginnt.

Writing better sentences

Mit Konjunktionen, Relativpronomen und Zeitangaben kannst du deine Sätze verbinden und deine Aussagen präziser formulieren:
- ***Konjunktionen:*** **although, and, because, but, so that, that, when, while, ...**
- ***Relativpronomen:*** **who, that, which**
- ***Zeitangaben:*** **a few minutes later, suddenly, then, next, at 7 o'clock, every morning, in the afternoons, ...**

! Vorsicht bei beschreibenden Texten:
- **Adjektive** beschreiben Personen, Orte, Gegenstände, Erlebnisse: *a* ***careful*** *driver.*
- **Adverbien der Art und Weise** beschreiben, wie (auf welche Art und Weise) jemand etwas tut: *Drive* ***carefully***.

Writing reports

Achte bei **Berichten** auf Folgendes:
- Gib dem Leser eine **schnelle Orientierung**, was passiert ist.
- Beginne mit **wichtigen Informationen** und gib erst dann Detailinformationen.
- Gib Antworten auf die **5 Ws**: **Who? What? When? Where? Why?** Manchmal ist auch das **How?** wichtig.
- Verwende das ***simple past***.

(▸ *Writing summaries*, p. 76)

Checking and correcting your text

Lies jeden Text, den du geschrieben hast, mehrmals durch:
- einmal, um zu sehen, ob er **vollständig** und **gut verständlich** ist,
- noch einmal, um ihn auf **Fehler** zu überprüfen.

■ **Rechtschreibfehler *(Spelling mistakes)***

Lies deinen Text langsam, Wort für Wort, Buchstabe für Buchstabe.
Wenn du unsicher bist, schau in einem Wörterbuch nach.
Einige *spelling mistakes* kannst du vermeiden, wenn du die Tipps im Kasten rechts beachtest.

■ **Grammatikfehler *(Grammar mistakes)***

Die Tipps rechts helfen dir, einige typische *grammar mistakes* zu vermeiden.
Der **Grammatik**-Teil dieses Heftes kann dir bei anderen Grammatikfragen weiterhelfen.
(▸ Inhaltsverzeichnis, S. 4–5 / Register, S. 86–88)

Spelling

Einige Wörter haben Buchstaben, die geschrieben, aber nicht gesprochen werden: **knife, autumn, climb**.

Manchmal ändert sich die Schreibung, wenn eine Endung hinzukommt: **run + ing → running; drop + ed → dropped, make + ing → making; terrible + ly → terribly, lucky + ly → luckily; try + s → tries. (aber: stay + s → stays).**

Beim Plural tritt manchmal nicht nur **-s** hinzu, sondern **-es**: **church → churches; potato → potatoes**.

Grammar

Im *simple present* wird in der **3. Person Singular -s** (manchmal **-es**) angehängt: **he/she/it runs; he/she/it watches**

Manche Verben haben **unregelmäßige** *simple past-* und *past participle*-Formen: **go – went – gone; tell – told – told**
(▸ *Irregular verbs*, pp. 59–60)

Verneinung: Im *simple present* werden Vollverben mit **don't/doesn't** verneint, im *simple past* mit **didn't**.
(▸ *Simple present*, p. 15 / *Simple past*, p. 19)

Wortstellung: Die wichtigste Wortstellungsregel lautet **Subject – Verb – Object**. Sie gilt auch in Nebensätzen:
... when he saw my sister. **... als er meine Schwester sah.**
Beachte, dass **verb** und **object** **nie** getrennt werden dürfen:

Dan has laid the table.	**Dan hat den Tisch gedeckt.**
Sue often **plays football.**	**Sue spielt** oft **Fußball.**

(▸ *Word order*, pp. 6–10)

Der folgende Text ist völlig durcheinandergeraten, und er enthält 13 Fehler.

1 *Bringe den Text in eine für dich sinnvolle Reihenfolge.*

2 *Korrigiere alle spelling und grammar mistakes.*

3 *Unterstreiche in jedem Absatz den topic sentence.*

How Daniel wrote his report

Finally he checkt and corrected his text.

Last week Daniel had to write a report about a class trip to the King Center.

He red it again twice and added two more adjektives and one time phrase.

He also founded two spelling mistakes.

He wrote about the center itself, the people who work their, and the things you can do there.

Then he typed it up nice.

When he had read his report one last time, he was quiet happy with the result.

For him, the writing of a report was easy because he knew the rules.

He starts by turning his notes into compleat sentences, and he made sure that he started a new paragraf with each new idea.

There was a lot to tell, so the mane part of his report had three paraghraphs.

He put all the material he had collected at the center on his desk and made notes on everything he wanted to write about.

Befor he started writing, he structured his notes.

Mediation skills

15 Mediation 3:4

Was ist „Mediation"?

Manchmal musst du zwischen zwei Sprachen vermitteln, z.B. wenn Sprecher verschiedener Sprachen aufeinandertreffen. Das nennt man **Mediation** (oder **Vermittlung**, manchmal auch **Sprachmittlung**).

1. Du gibst **englische Informationen auf Deutsch** wieder, z.B. wenn du in einem englischsprachigen Land bist, und jemand möchte wissen, was gesagt wurde oder was auf einer Informationstafel steht.

2. Du gibst **deutsche Informationen auf Englisch** wieder, z.B. wenn jemand kein Deutsch spricht und Hilfe braucht.

3. In schriftlichen Prüfungen musst du manchmal in einem englischen Text gezielt nach Informationen suchen und diese auf Deutsch wiedergeben. Oder du sollst Informationen aus einem deutschen Text auf Englisch wiedergeben.

Worauf muss ich achten?

- Übersetze nicht alles wörtlich, sondern gib nur das Wesentliche wieder.
- Du kannst Sätze auch umformulieren.
- Verwende möglichst kurze und einfache Sätze.

Was kann ich tun, wenn ich ein wichtiges Wort nicht kenne?

Manchmal ist es gar nicht so einfach, zwischen zwei Sprachen zu vermitteln, z.B.
- wenn dein Wortschatz nicht ausreicht,
- wenn dir bekannte Wörter „im Stress" nicht einfallen,
- wenn spezielle Fachbegriffe auftauchen.

Dann musst du versuchen, die „schwierigen" Wörter zu umschreiben. Dabei sind **Relativsätze** eine große Hilfe.
(▸ *Paraphrasing*, p. 75 / ▸ *Relative clauses*, pp. 54–55)

It's somebody/a person who ...
It's something that you use to ...
It's an animal that ...
It's a place that/where ...

1 *Dein kleiner Bruder hat ein funkferngesteuertes Auto bekommen, aber die Beschreibung ist nur auf Englisch. Kannst du ihm erklären, worum es hier geht?*

Be sure nobody else is using the same frequency. Using the same frequency at the same time can cause loss of control and lead to serious accidents.
Apply frequency sticker to vehicle antenna to show frequency being used.
Racing in groups is possible only if different frequencies are used.

2 *Die Band* Silbermond *gibt ein Konzert in eurer Nähe. Eure amerikanische Austauschschülerin hat folgenden Text über die Band gefunden und bittet dich um Hilfe.*

Silbermond gingen aus der Band *Exakt* hervor, die 1998 von Mitgliedern des Jugendprojekts *Ten Sing* gegründet wurde. Zunächst spielten sie überwiegend Coversongs. Erste eigene, deutschsprachige Songs entstanden 2001. Ihr drittes Album erschien 2009 und belegte sofort Platz 1 der Charts. *Silbermond* verstehen sich als Rockband. Obwohl sie als Singles meist Balladen veröffentlichten, besteht ihr Repertoire hauptsächlich aus schnellen, oft instrumental geprägten Titeln.

Exam skills

16 Tests and exams (Tests und Prüfungen) 4:1 / 4:3

Countdown zum Testerfolg

Ein Test ist angekündigt? Wenn du weißt, worauf du dich vorbereiten musst, gibt es keinen Grund zur Panik! Im Zweifelsfall frag deine Lehrerin oder deinen Lehrer. Und dann kann der Countdown beginnen!

■ **Eine Woche vor dem Test**

1. Lies noch einmal die **Texte** der zuletzt durchgenommenen Unit (vor allem *Lead-in, A-Section* und *Text*, eventuell auch das *Background File*). Fasse mündlich oder schriftlich zusammen, worum es ging.
2. Wiederhole den **Wortschatz** der Unit mit Hilfe des *Vocabulary*, des *Wordmaster* oder des *English Coach*. Schreib die Wörter und Wendungen, die du immer wieder vergisst, auf ein Blatt Papier. Mindmaps und Wortfelder helfen beim Behalten.
3. Geh auch noch mal die neue **Grammatik** durch. Aufgaben zur Selbstüberprüfung und zum Üben findest du in deinem Englischbuch (im *Practice*-Teil, auf den *How am I doing?*-Seiten, im *Grammar File*), in deinem *Workbook* und im *e-Workbook*. Grammatische Regeln kannst du im *Grammar File* deines Englischbuchs oder im Grammatik-Teil dieses Heftes nachlesen.

■ **Zwei oder drei Tage vor dem Test**

1. Wiederhole den **Wortschatz**. Manche Wörter „sitzen“ noch nicht? Schreibe einen kurzen Text, in dem du sie verwendest.
2. Lies die Unit-**Texte** (und die Stichpunkte, die du dir dazu notiert hast) ein weiteres Mal. Erzähle einem Freund/einer Freundin, worum es geht.
3. Erkläre einem Freund oder einer Freundin die neue **Grammatik**. Lies bei Bedarf im *Grammar File* oder im Grammatik-Teil dieses Heftes nach.

■ **Am Abend vor dem Test**

1. Entspann dich. Lies, leg dich in die Badewanne, hör Musik, sieh fern, ...
2. Geh zur gewohnten Zeit ins Bett.

■ **Am Morgen des Tests**

1. Steh rechtzeitig auf, damit du nicht hetzen musst.
2. Lies etwas „zum Aufwärmen“, aber schau nicht mehr in dein Schülerbuch.

■ **Während des Tests**

1. Denk daran: Du hast dich gut vorbereitet. Es gibt keinen Grund, nervös zu sein.
2. Konzentriere dich auf den Test, lass dich nicht ablenken.
3. Lies dir die Aufgaben genau durch. Dann löse zuerst die Aufgaben, die dir einfach scheinen. Wende dich erst danach den schwereren Aufgaben zu.
4. Aufgaben, die du bearbeitet hast, hakst du ab. So siehst du, wie du vorankommst, und behältst den Überblick.
5. Schau ab und zu auf die Uhr. Du solltest etwas Zeit einplanen, um deine Antworten noch einmal durchlesen und wenn nötig korrigieren zu können.

(Fortsetzung ▸ p. 82)

Aufgabenstellungen verstehen

Überlege, ob du wirklich genau verstanden hast, was du tun sollst, bevor du anfängst, die Aufgaben zu bearbeiten!
Lies die Aufgabenstellung Wort für Wort langsam und gründlich und von Anfang bis Ende durch. Unterstreiche besonders wichtige Teile und unterteile, wenn nötig, die Aufgabe für dich in einzelne Schritte.

Und bei Multiple-Choice-Aufgaben ...

- Lies die Frage oder die Aussage sehr genau durch.
- Deck die zur Wahl stehenden Lösungen zunächst mit Papier ab und überlege, wie die richtige Antwort lauten könnte. Ist deine Antwort unter den angebotenen Lösungsmöglichkeiten? Dann ist sie wahrscheinlich richtig.
- Lies aber trotzdem erst alle angebotenen Lösungen, bevor du dich entscheidest.
- Kreuze nur eine Antwort an, es sei denn, dass ausdrücklich gesagt wird, dass mehrere Antworten richtig sein können.
- Bearbeite auf diese Weise alle Multiple-Choice-Aufgaben so gut du kannst, ohne etwas auszulassen. Geh am Ende zu den Fragen zurück, bei denen du unsicher warst.
- Wenn du die richtige Antwort nicht findest, dann suche nach den falschen Antworten! Manchmal ist es einfacher zu entscheiden, welche Antworten falsch sind. Auf diese Weise kannst du erschließen, welche Antwort richtig ist.

Die folgenden Aufgaben beziehen sich auf den gesamten* Skills-*Teil dieses Heftes.
Wenn du die Antwort nicht weißt, überlege erst, wo du nachschlagen könntest.
(Das Inhaltsverzeichnis auf S. 65 hilft dir zu finden, was du suchst.)
Manchmal gibt es mehr als eine richtige Lösung.

1 Wenn ich mit einem zweisprachigen Wörterbuch arbeite, ...
 A schaue ich mir den gesamten Eintrag zu „meinem" Wort an.
 B nehme ich immer die erste Übersetzung, die mir angeboten wird.
 C achte ich darauf, dass ich bei der richtigen Wortart nachschlage.

2 Wenn ich Material aus dem Internet verwenden will, ...
 A sollte ich immer mehr als eine Website ansehen.
 B sollte ich möglichst auch englischsprachige Websites benutzen.
 C kann ich auf die genaue Quellenangabe verzichten.

3 Was ist korrekt?
 A *skimming = reading for detail* B *scanning = drawing conclusions* C *scanning = looking for key words*

4 Die 5 Ws sind wichtig ...
 A bei Zusammenfassungen *(summaries)*.
 B bei Berichten *(reports)*.
 C bei förmlichen Briefen *(formal letters)*.

5 Einen *formal letter* beginne ich mit ...
 A *Dear Sir or Madam* B *Dear Mr Smith* C *Dear Claire*

6 Was ist korrekt?
 A *although* = also B *while* = weil C *when* = als

7 Bei der Mediation ...
 A muss ich möglichst genau den Originaltext wiedergeben.
 B kann ich unbekannte Wörter und Wendungen umschreiben.
 C muss ich nur das Wichtigste wiedergeben.

Lösungen

Bei vielen Aufgaben gibt es nicht nur eine einzige korrekte Lösung (z.B. bei den Aufgaben zu den Kapiteln Brainstorming *oder* Mediation*). Wenn deine Lösung bei solchen Aufgaben sehr stark von den hier vorgeschlagenen Lösungen abweicht, dann bitte deinen Lehrer/deine Lehrerin, deine Lösung anzuschauen.*

p.66 1 Check yourself

a) **CORRECT:** We always **meet** at seven o'clock.
REMEMBER: sich mit jm. treffen – (to) meet sb.

b) **CORRECT:** I haven't **done** my homework yet.
REMEMBER: Hausaufgaben machen – (to) do homework

c) **CORRECT:** We bought tickets, got on the train and **went** to Berlin.
REMEMBER: nach ... fahren – (to) go to ...

d) **CORRECT:** If I **had** more money, I could buy a new DVD player.
REMEMBER: Kein *would* im *if*-Satz.

e) **CORRECT:** I need some **information** about flights to London.
REMEMBER: *information* hat keinen Plural (nicht zählbar)

p.67 2 Using a bilingual dictionary

a) Wem wurde der erste Preis verliehen?
b) Sie konnten die Krise nicht abwenden.
c) Der Lärm/Das Geräusch hielt ihn die ganze Nacht wach.
d) Glücklicherweise konnte der Fahrer dem Hund ausweichen.
e) Not pizza again! – Then what? / What then?
f) We're working on it.
g) You shouldn't wait for it.
h) I'm proud of it.

p.68 3 Describing and analysing pictures

(Description) The photo shows three girls and a boy in a classroom. In the foreground there is a desk and two chairs. On the right, one of the girls is sitting on another desk. The other two girls are standing next to her, one to her right, one to her left. The girl on the desk has a music magazine in her hands, and the girls are all looking at it. They are smiling.
The boy is on the left of the photo. He is also sitting on a desk, with his left foot on one of the chairs in the foreground. He is also looking at a magazine, but he is not smiling.
In the background, on the left, there is a board on a blue wall. The other wall, on the right of the photo, is white, and there are some posters on it.

(Analysis) I think the girls are having fun. Maybe they have just read a funny story, or they are looking at some funny pictures or cartoons. Maybe the boy feels a bit left out because the girls are not talking to him. Or he is thinking about what he has just read or seen in his magazine.

p.70 4 Research

a) Man **kann** lange Zitate ungekürzt stehen lassen, darf sie aber auch kürzen, denn lange Zitate können ermüdend wirken und den Eindruck erwecken, dass der/die Vortragende selbst nichts zu sagen hat.
b) Falsch – man sollte Informationen zunächst speichern und bearbeiten und dann ausdrucken, was wirklich wichtig ist.
c) Richtig.
d) Falsch – Quellen müssen immer angegeben werden; bei Internetseiten auch Datum und Uhrzeit des letzten Zugriffs.
e) Richtig.
f) Richtig.
g) Falsch – man muss nicht wörtlich zitieren, aber wenn man eigene Formulierungen verwendet, muss man trotzdem Autor und Quelle angeben (in diesem Fall verwendet man keine Anführungszeichen, sondern setzt das Wort „vgl." vor Autoren- und Quellenangabe).
h) Richtig.

p.72 7/8 Marking up texts / Taking notes

Twilight is a love story about 17-year-old Bella and Edward, a boy with dreamy good looks who, Bella learns, is really a vampire. But this is no ordinary vampire story – it's a book in a class of its own which readers of all ages will definitely enjoy.

The story is told by Bella, so we don't learn directly how the other characters feel or think. At first we know only a little about Edward and his family, but as the story develops we slowly get a bigger picture of these outsiders. Our appetite for more grows. What makes the story even more readable is that Bella is a very credible character, shy and without much self-confidence, but very likeable nevertheless.

Twilight is extremely well written, in language that is easy to understand. When you read about Forks, the town where the story is set, you feel as if you are there, walking through the permanent mist and rain.

A romance like this will move even the toughest of readers to tears. You won't put the book down until you have turned the very last page. Can the love between the two heroes survive? Will the two lovers themselves survive? Buy the book and find out.

Notizen:

What? love story
Who? Bella and Edward (vampire!)
Bella: credible character; likeable, shy
Where? Forks (town; mist and rain)
Why? language easy to understand; will move readers to tears; won't stop reading

p.74 **9 Reading course: Drawing conclusions**

1. Children that have to work on farms ("Kinderarbeit" = engl.: *child labour*)
2. In northern Mexico, many young children work in the fields. They only earn seven dollars a day. Some of them can go to school after work, but only for a few hours.
3. Children like J. don't have a real childhood, they don't have time to play with other children. They don't get a good education because they only go to school for two to three hours/ because their job keeps them from school. They probably won't get a good job later because they don't have a good education.

p.75 **10 Paraphrasing**

a) **Pfütze** – water that you find in the street when there has been a lot of rain; little kids like to put their feet in them ("Pfütze" = engl.: *puddle*)
b) **Balkon** – flats sometimes have one; you can go outside and look down on the street from them; some people grow flowers on them ("balkon" = engl.: *balcony*)
c) **Spargel** – a vegetable; it is usually white or green and looks a bit like a long candle; you can buy it in May and June in Germany ("Spargel" = engl.: *asparagus*)
d) **a caravan** – a small house with two wheels; you can take it with you in your holidays, e.g. when you go camping and don't want to sleep in tents
e) **a paddle** – you use it to make a small boat – for example a canoe – move forwards through the water; it is usually made of wood or plastic
f) **cloudy** – when it's cloudy, you can't see the sun, and you might get rain

p.75 **11 Brainstorming**

1. **Planning a party:** (1) talk to parents, (2) invite friends, (3) ask friends for help, (4–6) buy food/drinks/decoration, (7) make cake, (8) look for good music, (9) prepare room
2. **Vampirgeschichte:** *individuelle Lösungen*

p.76 **12 Writing summaries**

Anna Perera grew up near London. As a child she liked reading a lot because she discovered her own new worlds in her books. Later she started writing and she also worked as an English teacher. Reading has always been her favourite hobby. Anna's heroes are people who like to discover something new – like Khaled, the hero of her latest novel. He is a Muslim boy who is a prisoner at Guantanamo Bay.
(Hinweis: Es handelt sich um einen nicht-fiktionalen Text, daher die Verwendung des simple past *in der Zusammenfassung.)*

p.77 **13 Writing letters**

Förmlicher Brief:

Beginn: Dear Mrs Jones – Dear Sir or Madam
Ende: I look forward to hearing from you/to meeting you – Yours faithfully – Yours sincerely

Persönlicher Brief:

Beginn: Dear Grandma – Hello Sarah – Hi
Ende: Best wishes – Lots of love – Love – See you soon! – Happy birthday! – All the best

p.79 **14 Writing course**

How Daniel wrote his report

Last week Daniel had to write a report about a class trip to the King Center. He put all the material he had collected at the center on his desk and made notes on everything he wanted to write about. Before he started writing, he structured his notes.

For him, the writing of a report was easy because he knew the rules. He started by turning his notes into complete sentences, and he made sure that he started a new paragraph with each new idea. There was a lot to tell, so the main part of his report had three paragraphs. He wrote about the center itself, the people who work there, and the things you can do there.

Finally he checked and corrected his text. He read it again twice and added two more adjectives and one time phrase. He also found two spelling mistakes. Then he typed it up nicely. When he had read his report one last time, he was quite happy with the result.

p.80 **15 Mediation**

1 Hier steht, dass du darauf achten musst, dass niemand dieselbe Frequenz benutzt wie du – du könntest sonst die Kontrolle über das Auto verlieren und es könnte Unfälle geben.
Du sollst den Aufkleber mit der Frequenzangabe an der Antenne des Autos befestigen, sodass man sehen kann, welche Frequenz du benutzt. Rennen in Gruppen können nur gefahren werden, wenn unterschiedliche Frequenzen benutzt werden.

2 The band *Silbermond* developed out of the band *Exact,* founded by members of a youth project in 1988. They only played cover versions at first and started writing their own songs – with German lyrics – in 2001. Their third album was released in 2009. It went straight to number 1 in the charts. *Silbermond* see themselves as a rock band. They have released a couple of ballads, but most of their songs are fast, with lots of instrumental parts.

p.82 **16 Tests and exams**

1) A C
2) A B
3) C
4) A B
5) A B
6) C
7) B C

Register (Index)

Die Ziffern bezeichnen die **Abschnitte des *Grammar*-Teils** (nicht die Seitenzahlen).
Beispiel: *a few* 33.1 → Zu *a few* findest du etwas im Abschnitt 33.1.
(K = Kontrast-Abschnitt, ! = Abschnitt mit Warnsymbol)